音声データ・ダウンロード

사랑해!
愛してる

먹고 싶어!
食べたい

좋아해!
好き

ホームワーク

練習問題で

始めよう

仕組みで身につける

韓国語

와~멋있어!
うわ～すばらしい

崔 チョンア/著・イラスト

가고 싶어!
行きたい

手元のテキストと併用OK

HAKUEISHA

┃まえがき┃

　今の SNS の時代、外国語を勉強しようと思えば、講師や学習者の Blog、Instagram、YouTube など、入り口が様々あります。それらと一緒に、併用してちょっとした文法を説明してくれる、さらに少し書き入れと応用ができるドリルのようなものがあったらと思い、このテキストを作りました。

　このテキストは、週 1 回のペースで 1 年間、文法を柱に身につけていただきたい内容を載せたものです。すでに手元にある教材と併用したり、SNS 上の教材と併用したりするとより効果的であると思います。また、このテキストの文法やライティングを勉強しながら、関心分野の動画コンテンツを並行してご覧になるのもお勧めです。

　講師が教材として使う場合であれば、3 つのステップがカバーできます。まず、(1) 授業中の説明と同時に、受講生が一緒にペンを進めながら頭を動かせるように作っています。内容の所々に配置されている【ライティング；W】【確認問題；確】がその例です。さらに、(2) 他の受講生と韓国語でおしゃべりができるように作っています。【おしゃべり；喋】のテーマに合わせて仲間と一緒に意見を話し合ってみてください。そして、ハングル文字が身についていない段階では【カタカナ韓国語】、身についてから【アクティビティ；A】を使って一緒に練習を行うことができます。最後に、(3) 復習に【課題；HW】と【音声】、そして YouTube チャンネルから配信する【動画教材】を使ってください。

2024 年 3 月吉日

著者

| 使い方と説明 |

《使い方の一例》

・授業中に	【ライティング(Writing)】【確認問題】
・仲間と	【おしゃべり】 【カタカナ韓国語】【アクティビティ(Activity)】
・放課後・復習	【課題(Homework)】【音声データ】【動画教材】

《発音表記の例》

韓国語	カナ表記	日本語ローマ字表記	音声表記 [ ]	音素表記 / /
야	ヤ	ya	[ja]	/ya/
즈	ツ (語頭)・ズ (語中)	tu/tsu・zu	[tʃɯ]・[dzɯ]	/jɯ/

上記の야 [ja] のように音声表記が難しい時には /yɑ/ のような音素表記を、즈 /jɯ/ のように音素表記も難しい時にはカナ表記などを用いています。

■教材の中に ◀)(スピーカー) マークが記されているところは Excel による音声データがあります。出版社の HP からデータをダウンロードし、問題の解答合わせ・語彙学習の音声データとしてお使いください（詳細は目次 vi-vii を参照）。

■『練習問題で始めよう韓国語』という YouTube チャンネルから順次動画教材を配信しています。

目次

⇒クォーター1(Q1)の分量（目標：ハングル文字の読み書き&簡単な挨拶）

音声データの使い方

この教材は、＜Wordholic＞という『音声が出る単語帳アプリ』を使用して語彙力をサポートしています。(スピーカー部分)

1. ＜Wordholic＞アプリをダウンロード※¹	2. ＜Wordholic＞アプリを開き、新規フォルダを作る

※¹(iPhone)Apple store (Android)Play store から無料ダウンロードできます。	新規作成フォルダの名前 例：第4課の語彙

3. HAKUEISHA のお知らせページから単語データ (Excel.csv) をダウンロードする※²	4. ダウンロードした Excel データを＜Wordholic＞アプリへインポートする

※² お持ちのスマートフォン、iPad、パソコン、Google drive などにダウンロード

↑新規フォルダ作成後のイメージ

【Wordholicへのインポート方法】

a. Wordholic アプリのメニュー (右上の3本線) から『単語データ取り込み』を選択。

b. 次に『フォルダデータをインポート』を選択。

c. 『ファイルを選択』をタップし、保存した＜単語帳データ(Excel.csv)＞を選択。

d. 『フォルダを選択』をタップし、作っておいた＜フォルダ＞(例えば：●第4課の語彙)を選択。

e. フォルダデータの取り込み完了！

さらに詳細な説明が必要な場合は、Wordholic 専用サイト＜Langholic＞など関連サイトを検索してください。

■ 単語の Excel データのダウンロード先：
　博英社 (HAKUEISHA) のお知らせページ
　https://www.hakueishabook.com/news/

第1課　基本母音字、3つから6つへ

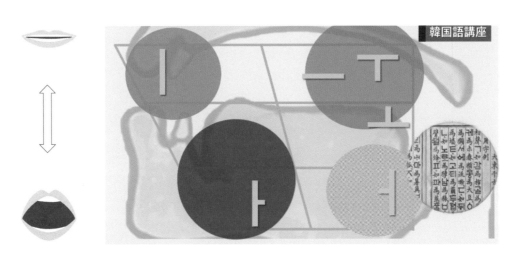

ハングル創製の原理を理解することは効率的な学習につながります。

基本母音字の仕組み

3つの基本要素[1]　　　・（天）　　　ー（地）　　　｜（人）

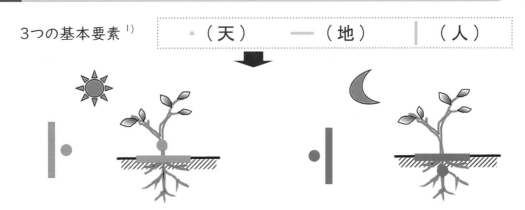

（日が昇る）東＝右（日が当たる）地上　　　（日が沈む）西＝左（日が当たらない）地下

陽・ポジティブ・軽い・↑	陰・ネガティブ・重い・↓

ㅏとㅗを陽母音といいます。　　　ㅓとㅜを陰母音といいます。

---

1)　・（天）は、筆を使って書くことにより線に形を変えました。陽母音と陰母音のイメージは、複合母音・打ち解けた言い方と過去形の活用など、これからの学習にとても役立つ概念です。

3つの基本要素から6つの単母音字を辞書順に身につけていきます。

3つの基本要素

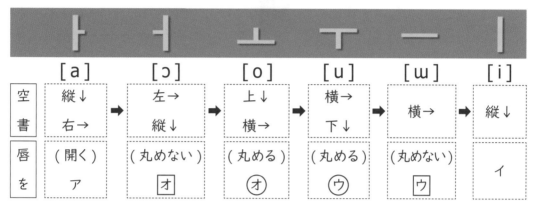

	[a]	[ɔ]	[o]	[u]	[ɯ]	[i]
空書	縦↓ 右→	左→ 縦↓	上↓ 横→	横→ 下↓	横→	縦↓
唇を	(開く) ア	(丸めない) オ	(丸める) オ	(丸める) ウ	(丸めない) ウ	イ

＜文字としての書き方＞

ライティング1 母音字を文字として書くときは、子音が来る場所に○を書き入れます。

아	아			
어	어			
오	오			
우	우			
으	으			
이	이			

書き方 Check!

次のようになっていませんか？

☑ ヘタをつけない　　☑ 下げない　　☑ 左右・上下をくっつけない　　☑ 90度に折り曲げない

発音クリニック

（1）「オ」の発音を2つに分けるようにする

어 [ɔ]　　唇を丸めない オ　　오 [o]　　力を入れて唇を丸める ⓞ

（2）「ウ」の発音を2つに分けるようにする

우 [u]　　力を入れて唇を丸める ⓤ　　으 [ɯ]　　唇を丸めない ウ

※ 唇を丸めない発音は□で、丸める発音は○で表示しています。

発音しながら書いてみましょう。 🔊

오이 아이 이 어

キュウリ こども この / 歯 （戸惑う）う〜ん、え〜と

_____ _____ _____ _____

_____ _____ _____ _____

次のランダムに書かれている6つの母音字を発音しながら
書いてみましょう。 🔊

아	어	오	우	으	이
아	어	오	우	으	이
어	우	이	아	오	으
이	으	어	오	우	아

アクティビティ　Aが確認問題 2 の母音字を読み上げたら、B は文字の 2 画目の方向を指で空書してみましょう。

A：아, 어, 오, 우, …

B：右→、左←、上↑、下↓、…

カタカナ韓国語　別れの挨拶編Ⅰ 🔊

韓国語には2種類のさよならがあります。

- アンニョンヒ・カセヨ：[早口で] アンニョンイガセヨ！

  (無事に行ってください→) その場を去る人に向かって言うさよなら。

- アンニョンヒ・ケセヨ：[早口で] アンニョンイゲセヨ！

  (無事でいらしてください→) その場に残る人に向かって言うさよなら。

  つまり、人の家、オフィス、研究室にいる方に向けて使えます。

- チャル・カヨ！：[早口で] チャルガヨ！

  (打ち解けた言い方の) さよなら。

  [ため口] チャル・カ：バイバイ([早口で] チャルガ！)

※ 路上で別れるときには、どちらもその場を去るので、「アンニョンイガセヨ」「チャル ガヨ」「チャルガ」などを使います。

| おしゃべり | 韓国語を始めたきっかけ、好きな分野、一押しのコンテンツ、韓国に行ったことがあるか、なければ今後の計画などについて周りの人と話し合ってみましょう。 |

《NOTE》

第2課　5つの基本子音字

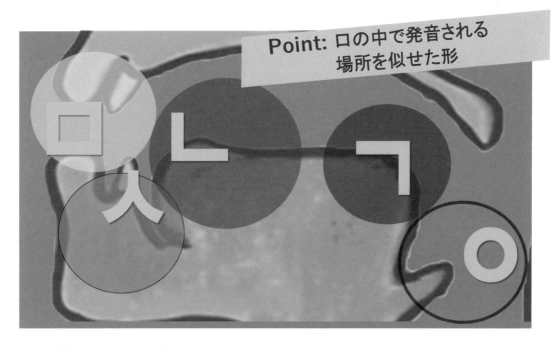

Point: 口の中で発音される
場所を似せた形

　ハングル創製の原理を理解することは効率的な学習につながります。第1課では6個の母音字を勉強しました。今課では14個の基本子音字のうち、まず中心となる5個の基本子音字の仕組みについて勉強します。

基本子音字の仕組み

：韓国語の子音を発音する5つの場所からスタート

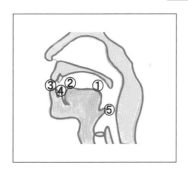

① 舌の奥（奥舌）

② 舌の先（舌先）

③ くちびる

④ 歯と舌のまさつ

⑤ のどの奥

① 舌の奥を使って発する音

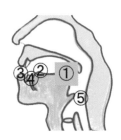 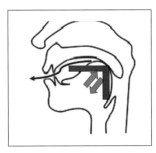

[k]/[g]²⁾ を作る場所

舌の奥＝角ばったところ

ライティング1　　発音し<u>ながら</u>母音と一緒に書いてみましょう。

1画	├ [a]	┤ [ɔ]	⊥ [o]	┬ [u]	─ [ɯ]	│ [i]
ㄱ	가	거	고	구	그	기
① ㄱ	가	거	고	구	그	기
ㄱ						

書き方 Check!

左側のようになっていませんか？

⇒ タテの母音├, ┤, │には横斜めの ㄱ　　⇒ ヨコの母音⊥, ┬, ─にはそのまま下の ㄱ

---

2) [k]は語頭（言葉の先頭、一番前）、[g]は語中（先頭ではないところ）で聞こえる音

② 舌の先を使って発する音

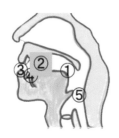 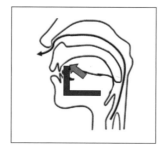

[n]³⁾ を作る場所

↓

ㄴ

舌の先＝字の先っぽ

ライティング2　発音しながら母音と一緒に書いてみましょう。

1画	ㅏ [a]	ㅓ [ɔ]	ㅗ [o]	ㅜ [u]	ㅡ [ɯ]	ㅣ [i]
ㄴ	나	너	노	누	느	니
①ㄴ	나	너	노	누	느	니
ㄴ						

---

③ くちびるを使って発する音

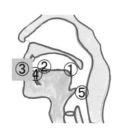 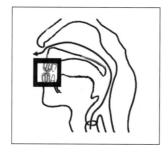

[m]⁴⁾ を作る場所

↓

ㅁ

くちびる＝閉鎖のイメージ

---

3) [n] は鼻から出る鼻音です。
4) [m] も [n] と同様に鼻から出る鼻音です。

ライティング3　発音しながら母音と一緒に書いてみましょう。

3画	ㅏ [a]	ㅓ [ɔ]	ㅗ [o]	ㅜ [u]	ㅡ [ɯ]	ㅣ [i]
ㅁ	마	머	모	무	므	미
①②③ ㅁ	마	머	모	무	므	미
ㅁ						

④ 歯と舌のまさつの音

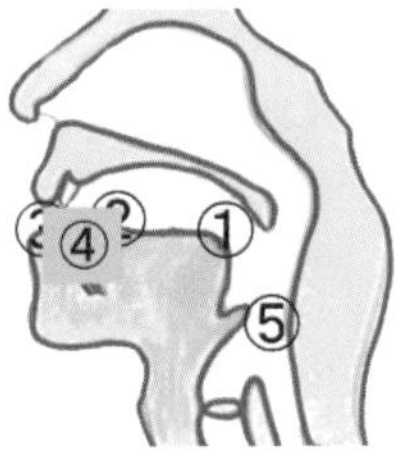

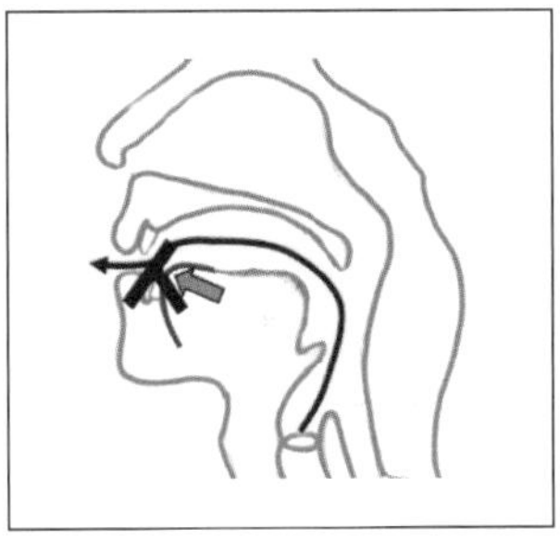

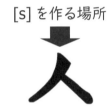

[s] を作る場所

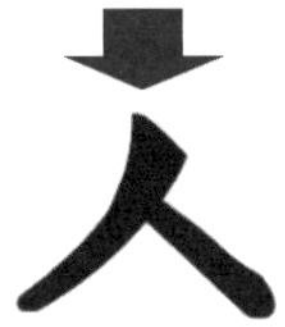

歯と舌＝摩擦のイメージ

※要注意！カタカナのス [s] ではなく、ハングルのㅅ [s] には屋根（ー）をつけない！

ライティング4　発音しながら母音と一緒に書いてみましょう。

2画	ㅏ [a]	ㅓ [ɔ]	ㅗ [o]	ㅜ [u]	ㅡ [ɯ]	ㅣ [i]
ㅅ	사	서	소	수	스	시
①② ㅅ	사	서	소	수	스	시

ㅅ						

書き方 Check!

左側のようになっていませんか？

➡ 母音ㅗ[o] の幅を広く！   ➡ 母音ㅜ[u] の幅を広く！

⑤ のどの奥を使って発する音

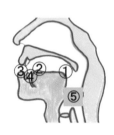

子音なしで空いている場所

ㅇ

通り抜けるイメージ

※ㅇにはもう一つ、ン[ŋ] のような役割もあります（第7課 参照）。

ライティング5 発音しながら母音と一緒に書いてみましょう。

1画	ㅏ[a]	ㅓ[ɔ]	ㅗ[o]	ㅜ[u]	ㅡ[ɯ]	ㅣ[i]
ㅇ	아	어	오	우	으	이
① ㅇ	아	어	오	우	으	이

○						

書き方 Check!

第１課の母音字の書き方と同じです。次の項目を確認しましょう。

☑ ヘタをつけていませんか？ ➡ つけない

☑ ㅏ[a]のヨコがカタカナ「ト」のように下がっていませんか？ ➡ 下げない

☑ ㅏ, ㅜが○と一緒にくっついていませんか？ ➡ 離して書く

☑ ㅏの頭が90度に折り曲がっていませんか？ ➡ 45度、あるいはまっすぐに
　下ろして書く

おしゃべり　好きな韓国料理、話題の食べ物について話し合ってみましょう。

おさらい

場所と形	5つの調音場所	5つの子音字	音声	音素
	①奥舌(舌の奥)	➡ ㄱ	[k]/[g]	/k/
	②舌先(舌の先)	➡ ㄴ	[n]	/n/
	③くちびる	➡ ㅁ	[m]	/m/
	④歯と舌のまさつ	➡ ㅅ	[s]	/s/
	⑤のどの奥	➡ ○	[ ]	/ /

※基本子音字や基本母音字は「字母」とも言われます。

発音しながら書きましょう。特に黄色い部分は書き方に注意しましょう。 🔊

	├ [a]	┤ [ɔ]	ㅗ [o]	ㅜ [u]	ㅡ [ɯ]	┃ [i]
ㄱ						
ㄴ						
ㅁ						
ㅅ						
ㅇ						

確認問題 次の単語を読みながら書いてみましょう。 🔊

나	너	나이	고기	거기
私 / 僕 / 俺	あなた / 君	歳	肉	そこ

_____   _____   _____   _____   _____

_____   _____   _____   _____   _____

이거	그거	저거	아마	소
これ	それ	あれ	多分	牛

수고	가수	누나	누구	가구
お疲れ	<u>歌手</u>	(男からの)姉	だれ	<u>家具</u>

어머니	사이	이사
お母さん / 母	間 / 仲	引っ越し

kɔgi kogi
読めたかな？そこと肉の
違いは難しいよね！

※下線は音読みによる韓国の漢語。

カタカナ韓国語 出会いの挨拶編Ⅰ 🔊

- アンニョンハセヨ？：(<u>時間に関係なく使える</u>) ごきげんよう？

- オソ・オセヨ！：(招待したお客さんに向かって)
  どうぞお入りください！
  (お店のお客さんに向かって) いらっしゃいませ！

第3課　基本母音字10個

　ここでは第1課で勉強した6個の単母音字 (図の黄色い字) に、/y/ 半母音を加えてさらに4個の母音字を増やし、10個の基本母音字すべてを身につけます。

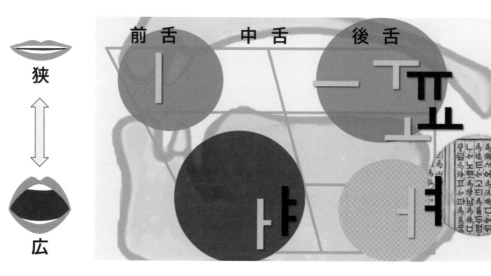

図. 基本母音字の位置のイメージ

豆知識

/y/ と /w/ は子音とも母音とも言える性質を持っていることから、それぞれ y 半母音と w 半母音と言われています。第3課では、この y 半母音の概念が使われます。

＜3個 → 6個 → 基本母音字10個＞

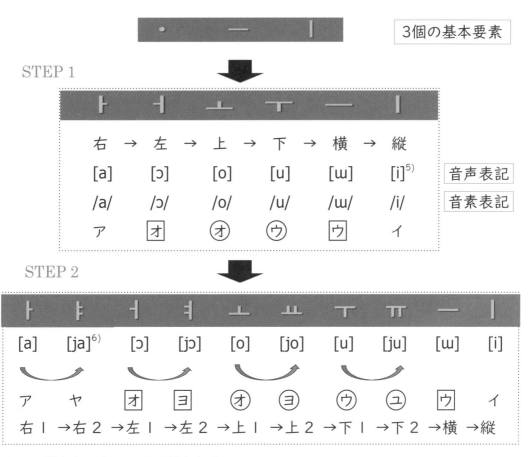

STEP 1

ㅏ	ㅓ	ㅗ	ㅜ	ㅡ	ㅣ
右 →	左 →	上 →	下 →	横 →	縦
[a]	[ɔ]	[o]	[u]	[ɯ]	[i]⁵⁾
/a/	/ɔ/	/o/	/u/	/ɯ/	/i/
ア	オ	オ	ウ	ウ	イ

音声表記
音素表記

STEP 2

ㅏ	ㅑ	ㅓ	ㅕ	ㅗ	ㅛ	ㅜ	ㅠ	ㅡ	ㅣ
[a]	[ja]⁶⁾	[ɔ]	[jɔ]	[o]	[jo]	[u]	[ju]	[ɯ]	[i]
ア	ヤ	オ	ヨ	オ	ヨ	ウ	ユ	ウ	イ
右1 →	右2 →	左1 →	左2 →	上1 →	上2 →	下1 →	下2 →	横 →	縦

※□は唇を丸めない。□は唇を丸める。

右1→右2→…
指や腕を動かしながらおぼえましょう！

---

5) [ ] は音声表記、/ / は音素表記です。

6) 音声表記の [j] は音素表記では /y/、ローマ字表記の「y」に該当します。例えば [jɑ]、
   もしくは /yɑ/ は「ヤ」の発音表記です。

発音しながら、右に向かって ➡ 書いてみましょう。

	ㅏ	ㅑ	ㅓ	ㅕ	ㅗ	ㅛ	ㅜ	ㅠ	ㅡ	ㅣ
ㄱ	가	갸	거	겨	고	교	구	규	그	기
ㄲ										
ㄴ										
ㅁ										
ㅅ										
ㅇ										

※黄色い部分は書き方に注意してください。(第1課と第2課の「書き方Check!」参照)

ライティング2 発音しながら、下へ向かって ⬇ 書いてみましょう。

	ㅏ	ㅏ	ㅑ	ㅓ	ㅕ	ㅗ	ㅛ	ㅜ	ㅠ	ㅡ	ㅣ
ㄱ	가										
ㄴ	나										
ㅁ	마										
ㅅ	사										
ㅇ	아										

| 確認問題 | 次の単語を声に出して読みながら書きましょう。 🔊 |

우유　고교　야구　겨우　요가

牛乳　　　高校　　　野球　　　やっと　　ヨガ *

_____　_____　_____　_____　_____

_____　_____　_____　_____　_____

여기　거기　저기　여유

ここ　　　そこ　　　あそこ　　余裕

_____　_____　_____　_____

_____　_____　_____　_____

※下線は音読みによる韓国の漢語、* は外来語。

| カタカナ韓国語 | 出会いの挨拶編Ⅱ 🔊 |

- チョウム・ペッケッスムニダ：(直訳：初めて・お目にかかります) 初めまして。

- チャル・チネッソヨ？：(直訳：うまく・過ごしましたか？)
  お元気でしたか？

- オレガンマニイェヨ！：(直訳：久しい間ぶりです)
  お久しぶりです！

(同様の縮約バージョン) オレンマニエヨ！

| おしゃべり | ソウルの地図を見ながら街 (江南・仁寺洞・弘大・新村・蚕室など) について話してみましょう。 |

基本子音字の仕組み

　今課では、第2課で勉強した5個の基本子音字(図の黄色い字)を基準に5つのグループに分けて、14個すべての基本子音字を身につけていきます。

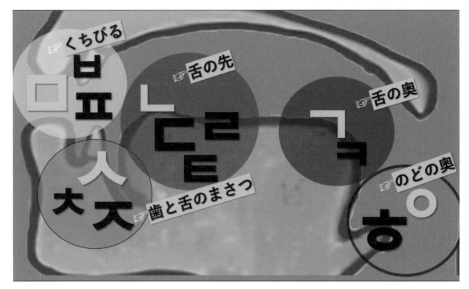

図. 発音される場所別に5つのグループに分けた基本子音字14個のイメージ

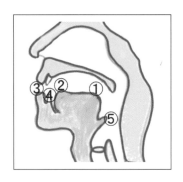

①【舌の奥のグループ】

②【舌の先のグループ】

③【くちびるのグループ】

④【(歯と舌の)まさつのグループ】

⑤【のどの奥のグループ】

調音位置と5つのグループ

Ⅰ　舌の奥のグループ

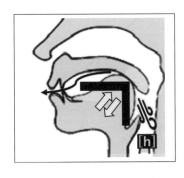 ㄱ  ㅋ

[k]/[g]　　強く・激しく　　[kʰ] 激音

※「ㄱ」を土台に (必要最小限の記号で) 文字を作る

※ [k] は語頭、[g] は語中で聞こえる音

ライティング１　発音しながら母音と一緒に書いてみましょう。

	ㅏ	ㅑ	ㅓ	ㅕ	ㅗ	ㅛ	ㅜ	ㅠ	ㅡ	ㅣ
①ㄱ	가	갸	거	겨	고	교	구	규	그	기
①②ㅋ	카	캬	커	켜	코	쿄	쿠	큐	크	키
ㄱ										
ㅋ										

書き方 Check!

左側のようになっていませんか？

➡ タテの母音ㅏ, ㅑ, ㅓ, ㅕ, ㅣは少し横斜めに、ヨコの母音ㅗ, ㅛ, ㅜ, ㅠ, ㅡはそのまま下の形に合わせると、バランスのよい文字になります。

2 舌の先のグループ

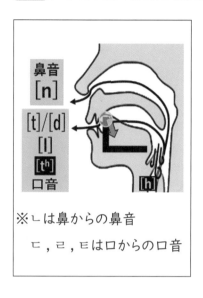

鼻音 [n]

[t]/[d]
[l]
[tʰ]
口音

※ㄴは鼻からの鼻音

　ㄷ, ㄹ, ㅌは口からの口音

ㄴ [n]

↓

ㄷ [t]/[d]

↓

ㄹ [l]

強く・激しく

ㅌ [tʰ] 激音

※「ㄴ」を土台に文字を作る

※ ◯の部分は舌の先のイメージ

※日本語と同じように [r] と [l] の
　区別をしない

※ [t] は語頭、[d] は語中で聞こえる音

ライティング2　発音しながら母音と一緒に書いてみましょう。

		ㅏ	ㅑ	ㅓ	ㅕ	ㅗ	ㅛ	ㅜ	ㅠ	ㅡ	ㅣ
	① ㄴ	나	냐	너	녀	노	뇨	누	뉴	느	니
	①② ㄷ	다	댜	더	뎌	도	됴	두	듀	드	디
	①②③ ㄹ	라	랴	러	려	로	료	루	류	르	리
	①②③ ㅌ	타	탸	터	텨	토	툐	투	튜	트	티
	ㄴ										

ナ・タ・ラ順

ㄷ							
ㄹ							
ㅌ							

書き方 Check!

次のようになっていませんか？

はみ出さないように！　　　3画にしない！　　　　　　　　　良い例

3　くちびるのグループ

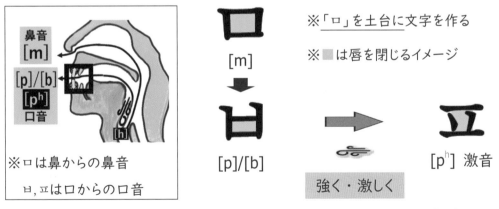

鼻音
[m]

[p]/[b]
[pʰ]
口音

※ㅁは鼻からの鼻音

ㅂ,ㅍは口からの口音

ㅁ

[m]

ㅂ

[p]/[b]

強く・激しく

ㅍ

[pʰ] 激音

※「ㅁ」を土台に文字を作る

※ ■は唇を閉じるイメージ

※ [p] は語頭、[b] は語中で聞こえる音

ライティング3 　発音しながら母音と一緒に書いてみましょう。

	ㅏ	ㅑ	ㅓ	ㅕ	ㅗ	ㅛ	ㅜ	ㅠ	ㅡ	ㅣ
①口② ③	마	먀	머	며	모	묘	무	뮤	므	미
①ㅂ② ③④	바	뱌	버	벼	보	뵤	부	뷰	브	비
①ㅍ③ ②④	파	퍄	퍼	펴	포	표	푸	퓨	프	피
ㅁ										
ㅂ										
ㅍ										

4 　歯と舌のまさつのグループ

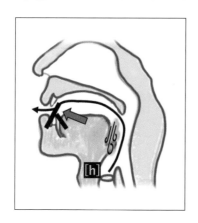

ㅅ
[s] ス

※「ㅅ」を土台に文字を作る

ㅈ
[tʃ]/[dz]
/j/ ズ

強く・激しく

ㅊ
[tʃʰ] 激音
/c/ ツ

※ [tʃ] は語頭、[dz] は語中で聞こえる音

ライティング4 <u>発音しながら</u>母音と一緒に書いてみましょう。

	ㅏ	ㅑ	ㅓ	ㅕ	ㅗ	ㅛ	ㅜ	ㅠ	ㅡ	ㅣ
①ㅅ②	사	샤	서	셔	소	쇼	수	슈	스	시
①ㅈ②	자	쟈	저	져	조	죠	주	쥬	즈	지
①ㅊ②③	차	챠	쳐	쳐	초	쵸	추	츄	츠	치
ㅅ										
ㅈ										
ㅊ										

書き方 Check!

次のようになっていませんか？

➡ 3画にならないように<u>2画で書く</u>　　　　➡ 4画にならないように<u>3画で書く</u>

「まさつグループ」と「カタカナ」の対応

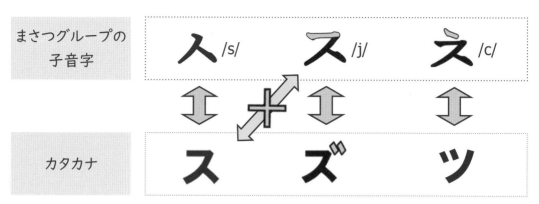

まさつグループの子音字	ス /s/ ス /j/ ス /c/	
カタカナ	ス ズ ツ	

➡ 韓国語のスは、カタカナのスと似ているため間違いやすいので、注意しましょう。

5　のどの奥のグループ

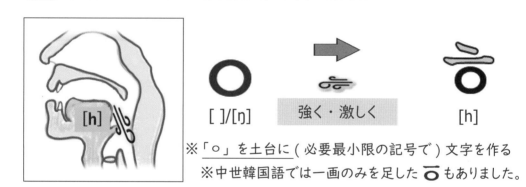

[ ]/[ŋ]　　強く・激しく　　[h]

※「○」を土台に (必要最小限の記号で) 文字を作る
※中世韓国語では一画のみを足した ㆆ もありました。

ライティング5　発音しながら母音と一緒に書いてみましょう。

	ㅏ	ㅑ	ㅓ	ㅕ	ㅗ	ㅛ	ㅜ	ㅠ	ㅡ	ㅣ
① ○	아	야	어	여	오	요	우	유	으	이
①②③ ㅎ	하	햐	허	혀	호	효	후	휴	흐	히

ㅇ								
ㅎ								

書き方 Check!

次のようになっていませんか？

ヘタのように立てない　　　　　　　　　少し筆跡を残す程度

おさらい

①舌の奥　　　②舌の先　　　③くちびる　　④まさつ　　⑤のどの奥

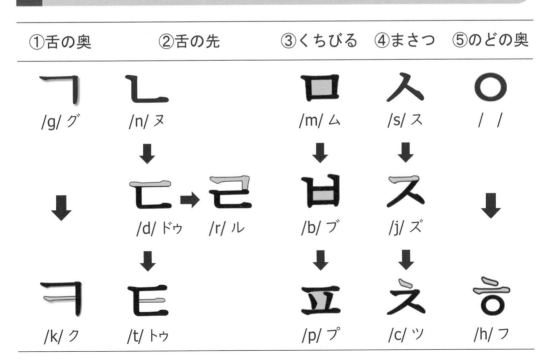

カタカナ韓国語　別れの挨拶編Ⅱ 🔊

- ット・マンナヨ！：また会いましょう！

  [タメロ] ット・マンナ！：また会おうね！

- ット・ボァヨ！：(また・見ましょう→) また会いましょう！

  ※次に会う約束もなく別れる場合、英語で meet を使わ

  ず see を使うのと同じです。

  [タメロ] ット・ボァ！：また会おうね！

- チョウン・チュマ</ル・ポネセヨ：(良い・週末・お過ごしください→)

  　　　　　　　　　　　　　良い週末をお過ごしください。

  [タメロ] チョウン・チュマ</ル・ポネ：良い週末送ってね

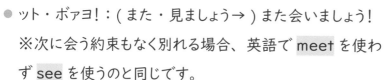

確認問題 1　　( ) の中に音素表記 (またはカタカナ発音表記) を書きましょう。

①舌の奥	②舌の先	③くちびる	④まさつ	⑤のどの奥
ㄱ	ㄴ	ㅁ	ㅅ	ㅇ
( )	( )	( )	( )	( )

↓　　　↓　　　↓　　↓

	ㄷ→ㄹ	ㅂ	ㅈ	
↓	( )　( )	( )	( )	↓

↓　　　　↓　↓

ㅋ	ㅌ	ㅍ	ㅊ	ㅎ
( )	( )	( )	( )	( )

感謝の表現 🔊

● カムサハムニダ：(感謝します →) ありがとうございます。

● コマプスムニダ：「ありがとうございます」の固有語表現。

　※「ームニダ」：かしこまった言い方

● コマウォヨ：(打ち解けた言い方の) ありがとうございます。

　[タメロ] コマウォ：ありがとう。

● チョンマル・チンチャ (本当に)/ クェンジャンヒ (ものすごく)/ アジュ (とても)：強い気持ちを表すため、感謝の表現の前によく用います。

おしゃべり　韓国の記念日であるこどもの日・両親の日・先生の日・ハングルの日などについて話し合ってみましょう。

確認問題 2　声に出して読みながら書きましょう。🔊

아버지　머리　허리　서류　셔츠

お父さん / 父　　　　頭　　　　　腰　　　　書類　　　シャツ *

_____　_____　_____　_____　_____

_____　_____　_____　_____　_____

쿠키　커피　카피　코코아　나라
クッキー *　コーヒー *　コピー *　ココア *　国

━━━━━━　━━━━━━　━━━━━━　━━━━━━　━━━━━━

━━━━━━　━━━━━━　━━━━━━　━━━━━━　━━━━━━

뉴스　노트　라디오　아파트　표
ニュース *　ノート *　ラジオ *　アパート *　チケット (票)

━━━━━━　━━━━━━　━━━━━━　━━━━━━　━━━━━━

━━━━━━　━━━━━━　━━━━━━　━━━━━━　━━━━━━

카드　스포츠　하나　코　토마토
カード *　スポーツ *　ひとつ　鼻　トマト *

━━━━━━　━━━━━━　━━━━━━　━━━━━━　━━━━━━

━━━━━━　━━━━━━　━━━━━━　━━━━━━　━━━━━━

치마　바지　기차　버스　도로
スカート　ズボン　電車 (汽車)　バス *　道路

━━━━━━　━━━━━━　━━━━━━　━━━━━━　━━━━━━

━━━━━━　━━━━━━　━━━━━━　━━━━━━　━━━━━━

지도　지구　여자　모자　어디

地図　　　地球　　　女性(女子)　　帽子　　　どこ

_____　_____　_____　_____　_____

_____　_____　_____　_____　_____

※下線は音読みによる韓国の漢語、＊は外来語です。

| 確認問題 3 | 音素表記を見て、（　）の中に１４個の基本子音字を書きましょう。 |

①舌の奥		②舌の先		③くちびる	④まさつ	⑤のどの奥

（　）	（　）		（　）	（　）	（　）
/g/	/n/		/m/	/s/	/　/

⬇　　⬇　　⬇　⬇　　⬇

	（　）➡（　）	（　）	（　）	
	/d/　　/r/	/b/	/j/	

⬇　　⬇　　⬇　⬇

（　）	（　）	（　）	（　）	（　）
/k/	/t/	/p/	/c/	/h/

問題　タテ、またはヨコの列を指で差しながら声に出して読んでから、
書きましょう。

	ㅏ	ㅑ	ㅓ	ㅕ	ㅗ	ㅛ	ㅜ	ㅠ	ㅡ	ㅣ
ㄱ	가	갸	거	겨	고	교	구	규	그	기
ㄴ	나									
ㄷ	다									
ㄹ	라									
ㅁ	마									
ㅂ	바									
ㅅ	사							슈		
ㅇ	아									
ㅈ	자									
ㅊ	차					쵸				
ㅋ	카									

ㅌ	타									
ㅍ	파									
ㅎ	하									

《NOTE》

ソダン
書堂

第5課　複合母音字11個

　今課では、これまで勉強した10個の基本母音を陽母音は紅組に、陰母音は青組に見立て、丸暗記をせずに理解しながら11個の複合母音を身につけていきます。

複合母音は紅青(?)の運動会や～

陽母音(紅組)　　陰母音(青組)

《概要》

創製の原理による分類				
基本母音字10個(1課と3課の内容)		複合母音字11個(今課の内容)		
ㅏ [a] →	ㅑ /ya/	ㅐ [ɛ] →	ㅒ /yɛ/	ㅘ [wa]
ㅓ [ɔ] →	ㅕ /yɔ/	ㅔ [e] →	ㅖ /ye/	ㅝ [wɔ]
ㅜ [u] →	ㅠ /yu/			ㅙ [wɛ]
ㅗ [o] →	ㅛ /yo/			ㅞ [we]
ㅡ [ɯ]				ㅟ [wi]
ㅣ [i]		ㅚ [ø]⁷⁾ →		[we]
単母音	y 半母音	単母音	y 半母音	w 半母音
			半母音	
言語学的分類				

※ ㅢ [ɯi] は w 半母音欄の右端に配置されている

---

7)　現代韓国語のㅚ [ø] は、非老年層のソウル方言を中心に [we] で発音されます。

紅組　＜陽母音「ㅏ」で作る複合母音字＞

ㅏ [a] ＋ ㅣ [i]
：大きなアの口でエ

■固有語
・해 [hɛ] おひさま、太陽
・사랑해 [salaŋhɛ] 愛している
■漢字の音読み /ai/
・愛 /ai/　애 [ɛ]
・大 /dai/　대 [dɛ]　など

※知っている知識から連想しよう！
日本語の〜ない[ɑi]から〜ねー[e:]、英語のɑirからエアー

ㅑ [ja] ＋ ㅣ [i]
：大きな口でイェ

※ [j] ⇒ /y/

■縮約で現れる
・이야기 [ijagi]（話）→ 애기 [jɛgi]
　イヤギ　　　　縮約：イェギ
・이 아이（この子）→ 애 [jɛ]
　イ・アイ　　　縮約：イェ

青組　＜陰母音「ㅓ」で作る複合母音字＞

ㅓ [ɔ] ＋ ㅣ [i]
：日本語のエと同じ

■日本語エ段の表記
え[에]、げ[게]、せ[세]、…
■助詞「に」：에
어디에 가요？(どこに行きますか？)
■ [e] の外来語
테니스(テニス)、테스트(テスト)

ㅕ [jɔ] ＋ ㅣ [i]
：日本語のイェと同じ

■固有語
・예 [je] はい (yes)
■漢字の音読み /ei/ /ai/
・時計 /tokei/ ⇒시계 [sige]
・世界 /sekai/ ⇒세계 [sege]
・例・礼 /rei/ ⇒예 [je]

※韓国語では、漢字1文字に1音節の文字が対応します。

Check!

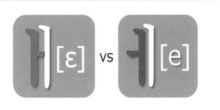

韓国人にも聞き分けが難しい発音です。漢字/ai/読み、助詞「に」、英語の[e]の読みなど、用度別に使い分けています。

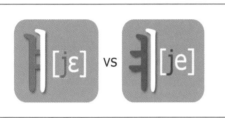

こちらも聞き分けではなく、縮約形、漢字/ei//ai/の読み、「はい」など、用度別に使い分けています。

確認問題 1　声に出して読みながら書きましょう。🔊

어서 오세요　　내 / 제　내가 / 제가

（ ぜひ・来てください→ ）　　わたしの / 私の　　　わたしが / 私が
いらっしゃいませ・どうぞお入りく　　（ 所有格 ）　　　　（ 主格 ）
ださい

――――――――――――　　――――――――　　――――――――

――――――――――――　　――――――――　　――――――――

※韓国語でタメロの「わたし」は「나」、謙譲語の私(わたくし)は「저」ですが、所有格と主格では形を変えます。

노래　　게　　개　　찌개　　모레

歌　　　　カニ　　イヌ　　チゲ　　あさって

―――――　―――――　―――――　―――――　―――――

―――――　―――――　―――――　―――――　―――――

※게（カニ）と개（イヌ）の聞き分けが難しいため、カニの前にはよく바다（海）をつけます。

紅組　＜陽母音「ㅏ」で作る複合母音字＞

ワ

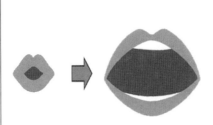

オの口からアに開く

■日本語ワの表記
・金沢：가나자와
■英語 [wa] の表記
・White：화이트
■韓国語の固有語
・사과 [sagwa]：リンゴ
・과자 [gwaza]：お菓子

ウェ

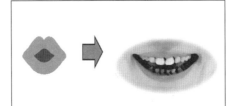

オの口から（大きな）エ

■主に韓国語の固有語
・왜？ [wɛ]：なぜ
・돼지 [twɛdzi]：豚
・돼요？안돼요？

[twɛjo] [andwɛjo]：
できます?ダメですか？

青組　＜陰母音「ㅓ」で作る複合母音字＞

ウォ

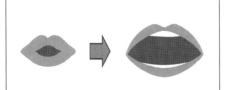

ウの口から（唇を丸めない）オ

■主に形容詞の活用形に
・더워요 [tʌwɔjo]：暑いです
・추워요 [tʃuwɔjo]：
寒いです
・매워요 [mɛwɔjo]：
辛いです

ウェ

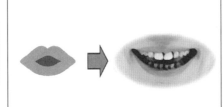

ウの口からエ

■主に外来語で
・웨이터 [weitʌ]：
ウェイター
・스웨터 [swetʌ]：
セーター

陽母音は陽母音と、陰母音は陰母音と組み合わせる [8]

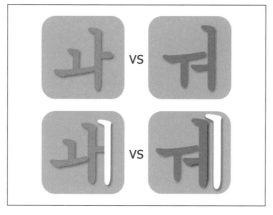

陽母音同士 (左)・陰母音同士 (右)
の複合母音字

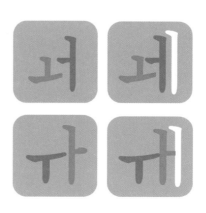

作れない組み合わせの例

紅組　＜陽母音「ㅗ」で作る複合母音字＞

ウェ

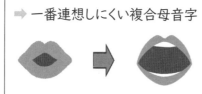

➡ 一番連想しにくい複合母音字

オの口からエ [9]

■ 漢語の音読み

・회사 [hwesa]：会社

・해외 [hewe]：海外

・뇌 [nwe]：脳

・최 [t∫we]：崔

(韓国の名字のひとつ)

---

8) 母音調和と言います。

9) 単母音であった외 [ø] は、今は一部を除きウェ [we] と発音されるようになりました。

青組　<陰母音「ㅜ」で作る複合母音字>

ㅟ [wi]

ウィ

ウの口からイ

■固有語
- 뒤 [twi]：後ろ
- 귀 [kwi]：耳
- 가위 [kawi]：はさみ

■漢語
- 위 [wi]：胃

<中立 10)>

ㅢ [ɰi]

ウイ

（口元を丸めない）ウから
素早くイ

■漢語の音読み
- 의자 [ɰidza]：椅子
- 의사 [ɰisa]：医者
- 회의 [hweɰi]：会議

※会議 (회의) のように、語中では単純化して [hwei] と発音されます。

| 確認問題 2 | 声に出して読みながら、意味とハングルを書きましょう。🔊 |

노래　해　대　얘기　가나자와

(歌)　（　　）　（　　）　（　　）　（　　　）

____노래____　_____　_____　_____　_____

____노래____　_____　_____　_____　_____

---

10) ㅡと ㅣは用言の活用では陰母音ですが、複合母音字では陽母音とも陰母音とも組み合わ
せられることからこの課では中立母音とみなします。

어디에　테스트　퀴즈　시계　세계
(　)　　(　)　　(　)　　(　)　　(　)

_____　_____　_____　_____　_____

_____　_____　_____　_____　_____

돼지　회사　해외　사과　매워요
(　)　　(　)　　(　)　　(　)　　(　)

_____　_____　_____　_____　_____

_____　_____　_____　_____　_____

스웨터　웨이터　위　귀　의자
(　)　　(　)　　(　)　　(　)　　(　)

_____　_____　_____　_____　_____

_____　_____　_____　_____　_____

회의　의사　가위　뒤　화이트
(　)　　(　)　　(　)　　(　)　　(　)

_____　_____　_____　_____　_____

_____　_____　_____　_____　_____

おしゃべり	バレンタインデーやクリスマスの過ごし方、付き合って100日目

など、恋人の記念日について話してみましょう。

■ これまでのまとめ

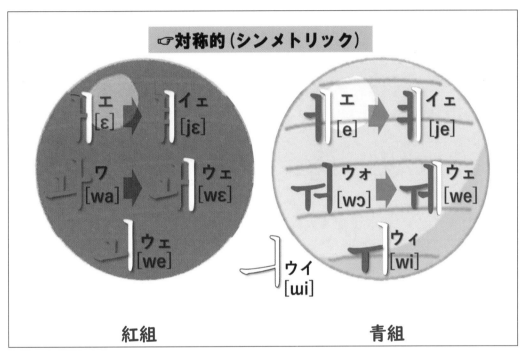

※同じ発音は用度別で使い分けるようにしましょう。

カタカナ韓国語　仕事や授業が終わったときの挨拶 🔊

● スゴハショッスムニダ！：お疲れさまでした。

● カムサハムニダ：(感謝します→) ありがとうございます。

● タウムチュエ・ペッケッスムニダ：(来週に・お目にかかります→)
また来週会いましょう。

前のページを見ないで複合母音字を書いてみましょう。

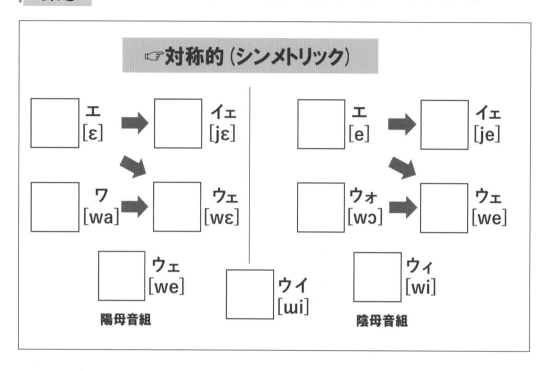

課題 複合母音字11個ではないものに **✕** をつけましょう。

ㅐ	ㅖ	ㅚ	ㅔ	ㅘ
ㅒ	ㅕ	ㅙ	ㅖ	ㅠ
ㅝ	ㅓ	ㅔ	ㅐ	ㅟ

課題 日本語のカタカナ読みに対応する複合母音字を書きましょう。

ウェ（3個）	エ（2個）	イェ（2個）

《NOTE》

第6課　激音 vs 濃音 有声音 vs 無声音

濃音子音字の仕組み

　ここでは第4課で勉強した14個の基本子音字から、ㄱ,ㄷ,ㅂ,ㅅ,ㅈに対応するㄲ,ㄸ,ㅃ,ㅆ,ㅉという5つの濃音を身につけます。さらに、日本語母語話者に難しいと言われる激音と濃音の概念を理解していきます。

《概要》

有気音(「息」を伴って発する音)								無気音			
強い気音→激音				弱い気音→平音				無気音→濃音			
ㅋ	[kʰ]	/k/	ク	ㄱ	[k]/[g]	/g/	グ	ㄲ	[kʼ]	/ɣ/	ック
ㅌ	[tʰ]	/t/	トゥ	ㄷ	[t]/[d]	/d/	ドゥ	ㄸ	[tʼ]	/δ/	ットゥ
ㅍ	[pʰ]	/p/	プ	ㅂ	[p]/[b]	/b/	ブ	ㅃ	[pʼ]	/β/	ップ
				ㅅ	[s]	/s/	ス	ㅆ	[sʼ]	/σ/	ッス
ㅊ	[tʃʰ]	/c/	ツ	ㅈ	[tʃ] [dz]	/j/	ズ	ㅉ	[tʃʼ]	/ʑ/	ッツ
					語頭 / 語中						

※発音は [ ] 音声表記・/ / 音素表記・カタカナ読みの順に記してあります。

・日本語の音韻環境・

　まず日本語には、清音と濁音の対立があり、清音を基準に声帯が震える濁音を作ります。例えば、清音「カ /kɑ/」が表す子音 [k] は声帯が震えない無声音であり、濁音「ガ /gɑ/」が表す子音 [g] は声帯が震える有声音です。しかし、息の強い [kʰɑ](図の◉の部分) と弱い [kɑ] との区別がいらない環境であるため、どちらも同じ文字「カ」を用います。

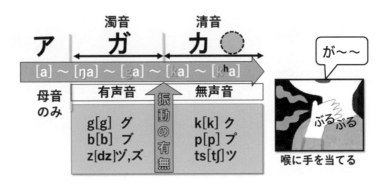

図. 清音「カ/kɑ/」と濁音「ガ/gɑ/」の環境

・韓国語の音韻環境・

　一方、韓国語には平音と激音の対立があります。息の弱い平音を基準に息の強い激音を作ります。例えば、「가 /gɑ/」が息の弱い平音 [kɑ] を、「카 /kɑ/」が息の強い激音 [kʰɑ] を表わしています。しかし、語頭に対し、声帯の震えの有無を区別しない環境のため、息の弱い [kɑ] と濁音の [gɑ] は同じ文字「가 [kɑ]/ [gɑ]」を用います。また、うんと鼻にかけた濁音「ガ [ŋɑ]」は、子音のない「ア [ɑ]」として認識します (図の◉の部分)。

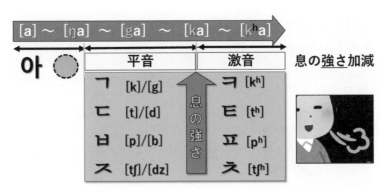

図. 平音「ㄱ/g/」と激音「ㅋ/k/」の環境

<ティッシュでイメージトレーニング>

激音	平音 (有声音)	濃音
・ティッシュが強く動く →日本語のアクセントがあるカ（[例]カード(card)）のような息の強さ。	・ティッシュが少しだけ動く →日本語の語頭のカより弱い。語中では濁音 (≒有声音) になる。	・ティッシュが動かない →サカ (坂) やサッカーのように語中で聞こえる。

ライティング1　発音しながら書きましょう。

	├ [a]	┤ [ɔ]	⊥ [o]	┬ [u]	— [ɯ]	│ [i]
ㄱ	가	거	고	구	그	기
ㅋ	카	커	코	쿠	크	키
ㄲ	까	꺼	꼬	꾸	끄	끼

書き方 Check!

次のようになっていませんか?

  ➡

➡ 漢字に見立てず、タテの母音とヨコの母音に合わせて１つずつ2画で書きます。

	├ [a]	┤ [ɔ]	⊥ [o]	┬ [u]	─ [ɯ]	│ [i]
ㄷ	다	더	도	두	드	디
ㅌ	타	터	토	투	트	티
ㄸ	따	떠	또	뚜	뜨	띠

ライティング3 発音しながら書きましょう。

	├ [a]	┤ [ɔ]	⊥ [o]	┬ [u]	─ [ɯ]	│ [i]
ㅂ	바	버	보	부	브	비
ㅍ	파	퍼	포	푸	프	피
ㅃ	빠	뻐	뽀	뿌	쁘	삐

※ㅂはタテ・タテ・ヨコ・ヨコ、ㅍはヨコ・タテ・タテ・ヨコの順に書きます。

書き方 Check!

4画にしない！　　　良い例（総3画）　　5画にしない！　　良い例（総7画）

	├ [a]	┤ [ɔ]	⊥ [o]	⊤ [u]	─ [ɯ]	│ [i]
ㅅ	사	서	소	수	스	시
ㅆ	싸	써	쏘	쑤	쓰	씨
ㅈ	자	저	조	주	즈	지
ㅊ	차	처	초	추	츠	치
ㅉ	짜	쩌	쪼	쭈	쯔	찌

■ 書き方 Check!

大 ➡ ㅊ

大(だい)の漢字にしない!

죠초 ➡ 조초

子音を母音より広く書かない!

声に出して読みながら書きましょう。 🔊

「パパ」〜「忙しいです」の例は、語中に濃音があるため、特に問題なく濃音が話せます。一方、「安いです」〜「つい先ほど」の例は、語頭に濃音があるため、発音に注意が必要です。

아빠	오빠	아저씨	가짜	토끼
パパ	（女からの）兄	おじさん	偽物	うさぎ

바빠요	싸요	따로따로	아까
忙しいです	安いです	別々（に）	つい先ほど

おしゃべり 韓国ドラマや映画によく登場する韓国の中華料理 (ジャージャー麺、酢豚、ちゃんぽん麺、餃子など) について話してみましょう。

おさらい

14個の基本子音字＋5つの濃音

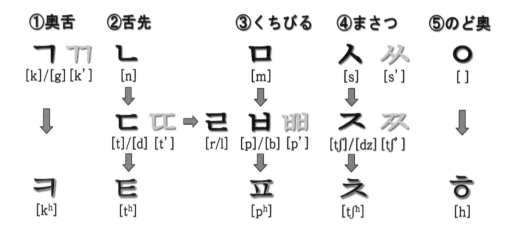

①奥舌	②舌先	③くちびる	④まさつ	⑤のど奥

※ 激音ヲと濃音ㄲの音素表記は /k/ と /ɣ/ ですが、わかりにくいことから、それぞれ音声表記 [k'] と [kʰ] で濃音と激音を表わしています。

先取り文法　打ち解けた言い方である「－ヨ」体はとても便利！

[疑問文] 어디에 가요?　（どこに行きますか）

[平叙文] ソウル에 가요.　（ソウルに行きます）

[勧誘文] カチ 가요!　（一緒に行きましょう）

[命令文] 어서 가요.　（急いで行ってください）

➡ 「－ヨ」で終わる韓国語は、打ち解けた「です・ます」体に当たります。この一つの同じ形式でイントネーションを上げると疑問文、下げると平叙文、伸ばし方や口調で勧誘文と命令文など4つの表現に使うことができます。

確認問題 2　これまでの内容を覚えているかを確認する問題です。前の内容を見ず、音声表記に合わせて（　）の中に14個の基本子音字とそれに対応する5つの濃音の字を書きましょう。

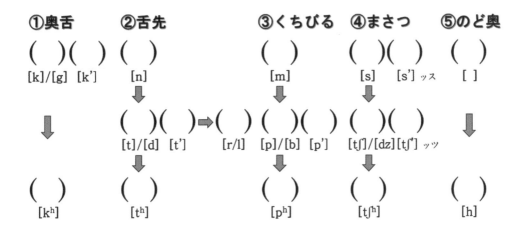

①奥舌　②舌先　　　③くちびる　④まさつ　⑤のど奥

（　）（　）　（　）　　　　（　）　　（　）（　）　（　）
[k]/[g] [k']　[n]　　　　[m]　　　[s]　[s']ッス　[ ]

（　）（　）➡（　）（　）（　）（　）（　）
[t]/[d] [t']　　[r/l] [p]/[b] [p']　[tʃ]/[dz][tʃ']ッッ

（　）　（　）　　　　（　）　　（　）　　　（　）
[kʰ]　[tʰ]　　　　[pʰ]　　[tʃʰ]　　　[h]

カタカナ韓国語　教室編 🔊

- アルゲッスmニッカ？：
  （わかりそうですか→）わかりましたか？

- ネ（またはイェ）、アルゲッスmニダ：
  （わかりそうです→）はい、わかりました。

- アニョ、チャル・モルゲッスmニダ：
  いいえ、よくわかりません。

パッチムの仕組み

　韓国語では、一文字の組み合わせが「子音 (Consonant) ×母音 (Vowel) ×子音 (Consonant)」であれば (以下 CVC)、最後に来る子音字、つまり終声音字をパッチム [11] と言います。

Kim chi　…　kim/chi ⇒ 2音節

…　ローマ字表記を真似た場合

1音節の最後の子音字を下に書く

☞ここでパッチムは ㅁ (m)

コースターは韓国語で
カップ・パッチム、つまり
茶托の托(たく;下で支える
もの)と言うんですよ。

---

11) 本来、바치다 (パチダ、支える) の名詞形받침 (パッチム、支え) から由来しています。
　　例えば、カップなどを下で支えるコースターや茶托であれば、韓国語ではカプ・パッチム
　　(カップ・支え) と言います。

舌の奥のグループ ㄱ ㅋ ㄲ [k]

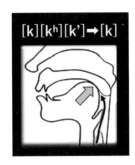

[k][kʰ][k']➡[k]

英語の Bag[bæg] と Back[bæk] の場合、終声音は g[g] と ck[k] で、英語は舌の奥を軽く開いた状態で発音が終わるため、その違いがわかります。また日本語のバッグ [bagu] とバック [baku] は母音 u が加わって舌の奥が開くことで両方の発音の違いが表れます。しかし韓国語の終声音は閉鎖した状態で発音を終わらせるため、息の強弱が現れず、Bag と Back の発音の違いが表れません。よって、どちらの韓国語表記も백となります。

Bag ➡ 백 [pɛk] ⬅ Back

	発音表記	
	韓国語 / 国際音声記号 / カナ表記	
박 (朴) 밖 (外)	[박] / [pak] / パㇰ [12]	ㄱ ㅋ ㄲ
억 (億)	[억] / [ɔk] / オㇰ	⇒パッチムであれば
부엌 (台所)	[부억] / [puɔk] / プオㇰ	発音は全部同じく [k]
읽다 (読む)	[익다] / [ikt'a] / イㇰタ	⇒英語 talk[tɔ':k], walk[wɔ':k] と同様に後ろを読む

※「부엌에 (台所に)」のように後ろに母音が来ると (ここでは助詞「에 (に)」)、舌の奥が開き、ㅋ本来の発音 [kʰ] が現れ、부엌에 [부어케]/[puɔkʰe] になります。

---

12) 1音節をカナで表そうとするため、パッチムのカナ表記は小さく書くようにします。

　　漢語の文字数＝ハングル文字数＝音節の数

2音節発音を意識しながら書いて、対応関係を身につけます。 🔊

家族	約束	薬局	握手
kazoku	yakusoku	yakkyoku	akusyu

⬇

가족	약속	약국	악수

_____　　_____　　_____　　_____

_____　　_____　　_____　　_____

2　舌先のグループ　ㄴ [n] ㄷㅌㅍ [t] ㄹ [r/l]

a. ㄴ : [n]

パッチムㄴは、舌先を上の歯の裏側につけたまま閉鎖させ、鼻から抜ける鼻音です。（ここで唇は閉じないように要注意！）

산（山）　　　　　문（門⇒ドア / 扉）
[san]/ サン (⇒サ n)　　[mun]/ ムン (⇒ム n)

　　音節の発音の対応関係を意識して書きましょう。 🔊

韓国	関係	計算	知人
kankoku	kankei	keisan	chijin

⬇

한국	관계	계산	지인

_____ _____ _____ _____

_____ _____ _____ _____

b. ㄷ ㅌ : [t] ※ㄸはパッチムでは現れません。

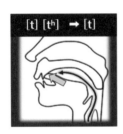

> パッチムㄷ, ㅌは、舌先を上の歯の裏側につけたまま閉鎖させて音が止まる口音であり、閉鎖によって違いがなくなります。
>
> **받침**（パッチム）　　**밭**（畑）
>
> [pattʃhim]/ パッチム　　[pat]/ パッ

c. ㄹ : [r](もしくは [l])

> パッチムㄹは、舌先をㄷより少し後ろにつけた状態で横に漏れる口音です。基本的に [r] と [l] の区別はしません。
>
> **일**（一、仕事）　　**달**（つき）
>
> [il]/ イル　　[tal]/ タル

確認問題 3/ 漢語問題　音節の発音の対応関係を意識して書きましょう。🔊

日本	第一	七 / 八	月末
nitpon	daiiti	siti/hati	getsumatsu

⬇

일본	제일	칠/팔	월말

_____ _____ _____ _____

_____ _____ _____ _____

3　くちびるのグループ　ㅁ [m]　ㅂ ㅍ ㅃ [p]

a. ㅁ : [m]

パッチムㅁは、唇をつけたまま閉鎖させ、鼻から抜ける鼻音です。

김 （海苔、苗字の金）　삼 （漢数詞の三）
[kim]/ キㇺ (⇒ キ m)　　[sam]/ サㇺ (⇒ サ m)

確認問題 4/ 漢語問題　音節の発音の対応関係を意識して書きましょう。

検査	男子	音痴	心理
kensa	danshi	onchi	shinri

⬇

검사	남자	음치	심리

————————　————————　————————　————————

————————　————————　————————　————————

b. ㅂ ㅍ : [p]　※ㅃはパッチムでは現れません。

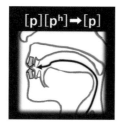

パッチムㅂ , ㅍは、唇をつけたまま閉鎖させて音が止まる口音であり、閉鎖によって違いがなくなります。

입 （くち）잎 （はっぱ）　밥 （ごはん）
[ip]/ イㇷ (⇒ イ p)　　[pap]/ パㇷ (⇒ パ p)

音節の発音の対応関係を意識して書きましょう。 🔊

雑誌	入国	解答	集合
zasshi	nyuukoku	kaitou	syuugou

⬇

잡지	입국	해답	집합

_____ _____ _____ _____

_____ _____ _____ _____

4　歯と舌のまさつのグループ　ㅅ ㅆ ㅈ ㅊ [t]

パッチムㅅは、ㄷと同様に舌を上にあげて閉じる特徴を持っています。

옷（服）　있다（ある / いる）　벚꽃（さくらの花）
[옫][ot]/ オッ　[읻따][itt'a]/ イッ　[벋꼳][pɔtk'ot]/ ポッコッ

確認問題 6　パッチムㅅは漢語ではなく、固有語または外来語で現れます。🔊

이것	이곳	낮	닷컴(.com)
[igɔt](これ)	[igot](ここ)	[nat](昼間)	[datkam](ドットコム)

_____ _____ _____ _____

_____ _____ _____ _____

5 のどの奥のグループ ○ [ŋ] ㅎ [t]

a. ○ : [ŋ]

パッチム○は、のどの奥を閉鎖して、鼻から抜ける鼻音です (ここで唇を閉じないように要注意!)。

상 (上、賞、状)   빵 (パン)

[saŋ]/ サン   [p'aŋ]/ パン

確認問題 7/ 漢語問題 音節の発音の対応関係を意識して書きましょう。 🔊

空気	誕生日	漢江	上中下
kuuki	tanjyoubi	kankou	jyoutyuuge

⬇

공기	생일	한강	상중하

_____ _____ _____ _____

_____ _____ _____ _____

※漢江 (ハンガン) はソウルの東から西へ流れる川の名前です。

b. ㅎ : [t]

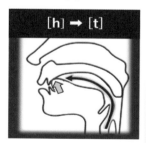

パッチムㅎは、ㄷと同様に舌を上にあげて閉じる特徴を持っています。

좋습니다[13] (かしこまった言い方の「いいです」)

[졷습니다]/[tʃotsɯmnida]/ チョッスムニダ

---

13) 基本形좋다 [조타] (いい) は、パッチムㅎ [h] と다 [ta] が混ざり、[타]/ [tʰa]/(強い) タになり、これを激音化 ([t] ＋ [h] → [tʰ]) と言います。また、打ち解けた言い方の活用좋아요 [조

■子音字が2つのパッチム

基本的に ㄹ で始まるパッチムを例外とし、<u>前を優先</u>に読みます。

1) ㄳ ㄵ ㅄ ㅆ など

➡ 앉다 [안따](座る)、많다 [만타](多い)、없다 [업따](ない / いない)…

2) ㄺ ㄼ ㄻ など

➡ 읽다 [익따](読む)、옮다 [옴따](移る)…

※넓다 [널따]（広い）は、例外の例外と考え前を読みます。さらに읽다 (読む) も
　[익따] イクタが原則ですが、[일따] イルタと読む母語話者が多いのが現状です。

これまでのまとめ

韓国語の終声音では閉鎖が起きるため、息の強弱の区別がなくなり、パッチムの音は7種類にまとめられます。

5つの調音位置		7つの終声音		
ㄱ ㅋ ㄲ	①舌の奥	ㄱ ㅋ ㄲ		[ㄱ] [k]
ㄴ	②舌先	ㄴ	鼻音	[ㄴ] [n]
ㄷ ㅌ		ㄷ ㅌ ㅅ ㅆ ㅈ ㅊ ㅎ		[ㄷ] [t]
ㄹ		ㄹ	流音	[ㄹ] [l]
ㅁ	③くちびる	ㅁ	鼻音	[ㅁ] [m]
ㅂ ㅍ		ㅂ ㅍ		[ㅂ] [p]
ㅅ ㅆ ㅈ ㅊ	④まさつ			
◎	⑤のどの奥	◎	鼻音	[ㅇ] [ŋ]
ㅎ				

※「まさつ」は、歯と舌の摩擦を意味します。

아요](良いです、(SNS 上の) いいね) のように後ろに母音が来ると、[h] が抜けて発音されません。これを ㅎ [h] 弱化と言います。

カタカナ韓国語　謝罪編

- チェソンハmニダ（죄송（罪悚）합니다）：

  （恐れ多いです、恐縮です→）申し訳ありません。

● チェソンヘヨ（죄송해요）：

  （打ち解けた言い方の）申し訳ないです。

- ミアンハmニダ（미안（未安）합니다）：

  （済まないです・恐縮です→）すみません、ごめんなさい

課題　次の単語の意味を考えながら、声に出して読んでみましょう。

가족	약국	약속	악수

한국	관계	계산	지인

일본	제일	칠/팔	월말

검사	남자	음치	심리

잡지	입국	해답	집합

공기	생일	한강	상중하

おしゃべり カタカナで表記されている韓国料理 (クッパ、キンパ、サンチュ、トッポッキ、カルビ、コムタンなど) のハングルのスペルを当ててみましょう。

第**8**課　日本語のハングル表記

　今課では日本語のハングル表記について勉強します。例えば名前が「加藤（かとう）」で友達付き合い程度（非公式的表記）であれば、카토우でも가또우でも特に問題はありません。しかし、それがTVや新聞などの公式的な場であれば、名前や地名などの固有名詞に対して表記の統一が必要になります。

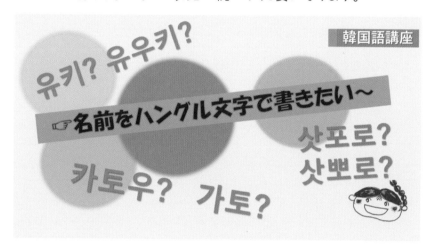

Ｉ　語頭

日本語の清音と濁音は息が強くないため、平音が対応します。

（1）カ行：語頭では清音「カ」も濁音「ガ」も「가」

（2）タ行：語頭では清音「タ」も濁音「ダ」も「다」

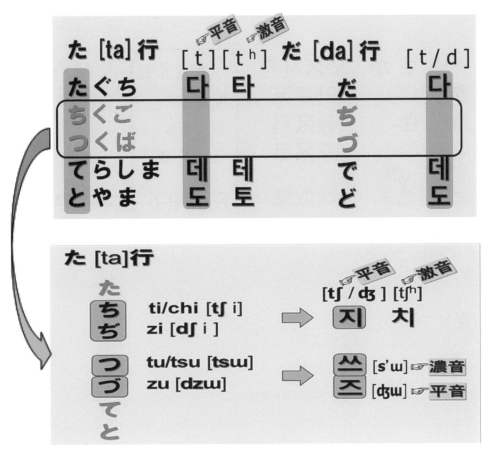

※쓰나미（つなみ）は日本語の固有名詞として韓国で使われています。

2　語中

（1）カ行の例：語中での清音は激音

3　長音は短音へ

※韓国語は長音体系に弱い。

4　促音：っ

・促音「っ」は「ㅅ」が対応します。

　　札幌（さっぽろ）は、3音節 ➡ 삿포로

5　はねる音：ん

・撥音「ん」は「ㄴ」が対応します。

　　銀座（ぎんざ）は、2音節 ➡ 긴자

第一表

日本語	ハングル表記 語頭	ハングル表記 語中
あ い う え お	아 이 우 에 오	아 이 우 에 오
か き く け こ	가 기 구 게 고	카 키 쿠 케 코
さ し す せ そ	사 시 스 세 소	사 시 스 세 소
た ち つ て と	다 지 쓰 데 도	타 치 쓰 테 토
な に ぬ ね の	나 니 누 네 노	나 니 누 네 노
は ひ ふ へ ほ	하 히 후 헤 호	하 히 후 헤 호
ま み む め も	마 미 무 메 모	마 미 무 메 모
や ゆ よ	야 유 요	야 유 요
ら り る れ ろ	라 리 루 레 로	라 리 루 레 로
わ を	와 오	와 오

第二表

日本語	ハングル表記 語頭	ハングル表記 語中
が ぎ ぐ げ ご	가 기 구 게 고	（対立がない為）語頭と同様
ざ じ ず ぜ ぞ	자 지 즈 제 조	
だ ぢ づ で ど	다 지 즈 데 도	
ば び ぶ べ ぼ	바 비 부 베 보	
ぱ ぴ ぷ ぺ ぽ	파 피 푸 페 포	
撥音 ん	ㄴ（終声音字パッチム）	
促音 っ	ㅅ（終声音字パッチム）	
長音	表記しない	

友達や家族、住んでいる街の名前を
ハングル表記にしてみてね！

日本語	ハングル表記		
	語頭		語中
きゃ きゅ きょ しゃ しゅ しょ ちゃ ちゅ ちょ にゃ にゅ にょ ひゃ ひゅ ひょ みゃ みゅ みょ りゃ りゅ りょ	갸 규 교 샤 슈 쇼 자 주 조 냐 뉴 뇨 햐 휴 효 먀 뮤 묘 랴 류 료		캬 큐 쿄 샤 슈 쇼 차 추 초 냐 뉴 뇨 햐 휴 효 먀 뮤 묘 랴 류 료
ぎゃ ぎゅ ぎょ じゃ じゅ じょ びゃ びゅ びょ ぴゃ ぴゅ ぴょ	갸 규 교 자 주 조 뱌 뷰 뵤 퍄 퓨 표		（対立がない為） 語頭と同様

確認問題 これまでの内容を参考に次の固有名詞をハングルで書きましょう。 🔊

・地名

1) 北海道 　　　_____

2) 沖縄 　　　　_____

3) 九州 　　　　_____

4) 別府 　　　　_____

5) お茶の水 　　_____

6) 高知 　　　　_____

・人名

7) ごとう　かずき 　　　　　＿＿＿＿＿＿＿＿＿＿＿＿＿＿＿＿＿＿

8) ほんだ　ともこ 　　　　　＿＿＿＿＿＿＿＿＿＿＿＿＿＿＿＿＿＿

9) かねこ　たくや 　　　　　＿＿＿＿＿＿＿＿＿＿＿＿＿＿＿＿＿＿

10) こんどう　じゅんこ 　　　＿＿＿＿＿＿＿＿＿＿＿＿＿＿＿＿＿＿

11) あなたの名前 　　　　　　＿＿＿＿＿＿＿＿＿＿＿＿＿＿＿＿＿＿

※英語由来の外来語は英語の表記に従う。

　　　トマト　➡　도마토 (×)　tomato ➡　토마토

　　　チーズ　➡　지즈 (×)　cheese ➡　치즈

カタカナ韓国語　お祝い編

● チュカハ m ニダ (축하합니다) :

　(祝賀します→) おめでとうございます。

● センイル (生日)・チュカハ m ニダ (생일 축하합니다)

　➡ お誕生日おめでとうございます。

イパク (入学)・チュカハ m ニダ (입학 축하합니다)

　➡ ご入学おめでとうございます。

キョロ n (結婚)・チュカハ m ニダ (결혼 축하합니다)

　➡ ご結婚おめでとうございます。

第9課　かしこまった言い方_ ㅂ니다/습니다

　韓国語には「です・ます」調に対応する丁寧体が、「かしこまった言い方」と「打ち解けた言い方」の2通りあります。今課では、まず「かしこまった言い方」である「ㅂ니다(m[14]ニダ)/습니다(スムニダ)」体と、それに合わせて助詞「이/가(が)」「은/는(は)」「을/를(を)」を勉強し、単文が作れるようにします。

---

14) 語尾ㅂ니다のローマ字対応は pnida ですが、nの鼻音化(鼻音の前、もしくは後の子音を鼻音にさせ、発音しやすくする音韻変化)によって、唇の子音pが唇の鼻音mに変わることから、語尾ㅂ니다は「mニダ(ムニダ)」と発音されるようになります。

《かしこまった言い方の活用》

STAGE.1　다の前にパッチムがないもの

Process　a.다 を除く　b.テトリスのように語尾ㅂ니다を選ぶ　c.くっつける

만나다 (会う) → **만납니다** → 만납니다 (会います)

STAGE.2　다の前にパッチムがあるもの

Process　a.다 を除く　b.テトリスのように語尾습니다を選ぶ　c.くっつける

먹다 (食べる) → **먹습니다** → 먹습니다 (食べます)

STAGE.3　다の前のパッチムがㄹであるもの

Process　a.다を除く　b.ㄹを除く　c.テトリスのように語尾ㅂ니다を選ぶ　d.くっつける

살다 (住む) → **삽니다** → 삽니다 (住みます)

本当にテトリス
みたいね！

3つの Stage に分けながら活用してみましょう。🔊

用言[15]の基本形(意味)			a.다を除く	b. 語尾を選ぶ	c. ～です / ですか?
하다	(する)		하		합니다. / 합니까?
먹다	(食べる)		먹		
살다	(住む)		살		
보다	(見る)		보		
읽다	(読む)		읽		
알다	(知る)		알		
있다	(ある / いる)	⇨	있		
사다	(買う)		사	+ㅂ니다 습니다	
없다	(ない/いない)		없		
앉다	(座る)		앉		
듣다	(聞く)		듣		
만나다	(会う)		만나		
마시다	(飲む)		마시		
만들다	(作る)		만들		
좋아하다	(好きだ)		좋아하		

※읽다は Stage.3ではなく2です。

■名詞文は Stage.Iと同様のプロセス

　例） 친구이다(友達+だ) ➡ 친구이+ㅂ니다 ➡ 친구입니다

---

15) 動詞と形容詞と形容動詞を合わせた言い方

確認問題 2 次の空欄を完成させましょう。(知らない語彙は調べましょう)

🔊

	基本形 (意味)	平叙文 ㅂ니다./습니다.	疑問文 ㅂ니까?/습니까?
Stage 1	가다 ( )		
	오다 ( )		
	만나다 ( )		
	일어나다 ( )		
	좋아하다 ( )		
名詞文	친구이다 ( )		
	선생님이다 ( )		
	일본사람이다( )		
Stage 2	먹다 ( )		
	있다 (/)		
	없다 (/)		
Stage 3	살다 ( )		
	알다 ( )		
	만들다 ( )		

《助詞》

が		は		を	
パッチム○	パッチム✕	パッチム○	パッチム✕	パッチム○	パッチム✕
이	가	은	는	을	를
선생님이	친구가	선생님은	친구는	선생님을	친구를

確認問題 3　正しい方に○をつけましょう。 🔊

영화(이・가)	감상(은・는)	관전(이・가)	스포츠(은・는)
영화(은・는)	감상(을・를)	관전(을・를)	스포츠(을・를)

※ 영화 (映画)、감상 (鑑賞)、관전 (観戦)、스포츠 (スポーツ)

《分かち書き》

日本語は平仮名だけでは読みにくく、漢字・カナ表記・読点などのバランスで読みやすくなります。一方、表音文字であるハングルは、分かち書きのルールがあります。基本的に名詞と助詞の間をあけず、助詞の後ろに来る名詞とは間をあけて書きます。

確認問題 4　「かしこまった言い方」の単文を作ります。分かち書きをしながら、条件に合わせて問題を完成させましょう。疑問文には必ず「？」を付けてください。 🔊

1) 友達が来ます。(친구 , 오다)

친	구	가		옵	니	다	.			

2) 先生に会います。(선생님, 만나다)　※韓国語では「対象「を」会う」と言います。

3）朝ごはんは食べます。(아침밥 , 먹다)

《助詞：「と」》

並列の「と」：ＡとＢ		引用の「と」：〜といいます	
パッチム〇	パッチム✕	パッチム〇	パッチム✕
과	와	이라고	라고
선생님과 친구	친구와 선생님	선생님이라고	친구라고

➡ 와/과は、이/가, 은/는, 을/를と反対に、パッチムがない方に「와」が付くので、注意が必要です。話し言葉では、パッチムに関係ない「A하고 B」をよく使います。

［確認問題5］　正しい方に〇をつけましょう。🔊

영화감상(와·과) 음악	저는 김범수(이라고·라고) 합니다.
독서(와·과) 산책	저는 이종석(이라고·라고) 합니다.

※ 영화감상 (映画鑑賞)、음악 (音楽)、독서 (読書)、산책 (散策)

［おしゃべり］　周りの人と韓国語で K-pop や J-pop など音楽について話してみましょう。

例　한국 음악을 좋아합니까?
　　누구를 좋아합니까?　　　　　누구(だれ)
　　어떤 장르를 좋아합니까?　　어떤 장르(どのジャンル)
　　저는 〇〇를/을 좋아합니다.
　　저는 A하고 B를 좋아합니다. …

次の文を完成させて、自己紹介ができる
ようになりましょう。 🔊

「かしこまった言い方編」

（1）名前紹介

1a) 私は　△△です。 _____	（예） 저는 <u>마키</u>입니다.
1b) 私の　名前は　○○　△△です。 _____	제 이름은 <u>고토 마키</u>입니다.
1c) 私は　○○　△△と申します。 _____	저는 <u>고토 마키</u>라고 합니다.

（2）趣味・故郷の紹介

2a) 私の　故郷は　◇◇です。 _____	제 고향은 <u>고베</u>입니다.
2b) 私の　趣味は　□□です。 _____	제 취미는 <u>음악감상</u>입니다.
2c) 私は　◎◎が（→を）　好きです。 _____	저는 <u>한국요리를</u> 좋아합니다.

（3）締めの言葉

3a) よろしくお願いします。 _____	잘 부탁합니다.
3b) よろしくお願いいたします。 _____	잘 부탁드립니다.
3c) 以上です。 _____	이상입니다.

課題1 アクティビティの自己紹介を参考に、かしこまった言い方での
自己紹介文を5行で完成させましょう。

(名前紹介)

(締めの言葉)

課題2 「かしこまった言い方」で単文を作りましょう。🔊

1) その人を知っていますか。(그 사람, 알다) ※韓国語では「知りますか」

2) 私は先生です。(저 , 선생님)

3) BTSが好きですか。(BTS, 좋아하다)   ※韓国語では「〜「を」好きだ」

4) 私は韓国料理と音楽が好きです。(한국요리 , 음악 , 좋아하다)
   ※韓国語では「〜「を」好きだ」

第10課　打ち解けた言い方 _ 아요 / 어요

　　今課では第9課で習った「かしこまった言い方」に続いて、「です・ます」調に対応するもう一つの丁寧体である「打ち解けた言い方」の「아요 / 어요」体について勉強します。第1課で勉強した陽母音と陰母音の概念を用いて「아요 / 어요」体の活用を身につけていきます。

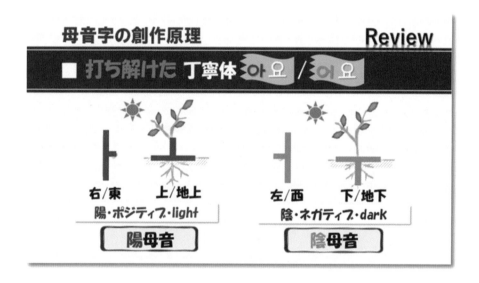

《打ち解けた言い方の活用》

1　主な3つの流れ

（1）다の前にある語幹が陽母音のとき：

Process　a. 다を除く　b. 陽母音の語尾아요を選ぶ　c. くっつける

　살다 (住む) → 살 + 아요 → 살아요

➡ ㅏ , ㅑ , ㅗ と3つの陽母音があります。

（2）다の前にある語幹が 陰母音 のとき：

Process　a. 다を除く　b. 陰母音の語尾어요を選ぶ　c. くっつける

　먹다 (食べる) → 먹 + 어요 → 먹어요

➡ ここで陰母音は、 ㅏ , ㅑ , ㅗ 以外の母音を指します。

確認問題 1　陽母音と陰母音に分けながら活用形を書きましょう。

用言の基本形 (意味)		a.다を除く	b. 語尾を選ぶ	c. 〜です / ですか？
먹다	(　　　)※	먹		먹어요[머거요]※
살다	(　　　)	살		살아요[사라요]
읽다	(読む)	읽		
알다	(知る)	알		
있다	(ある / いる)	있		
없다	(ない / いない)	없		
만들다	(作る)	만들		
좋다	(好きだ)	좋		
괜찮다	(大丈夫だ)	괜찮		

※ 「먹어요(食べます)」の連音[머거요]/mɔgɔyo/に注意して発音してください。

（3）名詞文のプロセス

a. パッチム有で終わる名詞

선생님이다 (先生+だ)	➡ 선생님이 + 에요	➡ 선생님이에요.
	※ 名詞文では、어요が에요へ音韻変化が起きています。	

b. パッチム無で終わる名詞

친구이다 (友達+だ)	➡ 친구이 + 에요	➡ 친구예요.
	※ 이 /i/ + 에 /e/ ⇒ 예 /ye/ 縮約に注意!	

確認問題 2　次の文を完成させましょう。 🔊

I) 제 고향은 서울＿＿＿＿＿＿.	2) 제 취미는 요리＿＿＿＿＿＿.
3) 제 고향은 도쿄＿＿＿＿＿＿.	4) 제 취미는 등산＿＿＿＿＿＿.

※ 제 (私の)、고향 (故郷)、취미 (趣味)、등산 (登山)

2　**パッチムがない時の縮約形**

（1）다の前がパッチムのない陽母音「ㅏ」と陰母音「ㅓ」の語幹：

例：「가다(行く)」「서다(立つ・止まる)」

가 + 아요	서 + 어요	[対称的]
/ka+ayo/	/sɔ+ɔyo/	陽母音で成立するものは鏡の
➡ 가요	➡ 서요	ように陰母音でも成立する。
/kayo/	/sɔyo/	

（2）다の前がパッチムのない陽母音「ㅗ」と陰母音「ㅜ」の語幹：

例：「오다(来る)」「배우다(習う・学ぶ)」

오 + 아요	배우 + 어요	[対称的]
/o+ayo/	/u+ɔyo/	陽母音で成立するものは鏡の
➡ 와요	➡ 배워요	ように陰母音でも成立する。
/wayo/	/wɔyo/	

（3）다の前がパッチムのない陰母音「ㅣ」の語幹：

例：「마시다(来る)」

마시 + 어요 /si+ɔyo/ ➡ 마셔요 /syɔyo/

➡ 쉬다(休む)の語幹の母音は複合母音ㅟ[wi]であるため縮約は起きず 쉬어요 です。

（4）다の前がパッチムのない複合母音「ㅐ」と「ㅔ」の語幹：

例：「보내다((物や時間、人などを)送る・(時間を)すごす)」「세다(数える)」

보내 + 어요	세 + 어요
/ponɛ + ɔyo/	/se +ɔyo/
➡ 보내요・보내어요	➡ 세요・세어요
/ponɛyo/ /ponɛɔyo/	/seyo/ /seɔyo/

縮約をしてもしなくてもいいですが、一般的に縮約形が使われています。

打ち解けた言い方は、すべて同じ活用形で後ろのイントネーションを上げて①質問、下げて②答え、伸ばして③勧誘や④命令も言えるからとても便利ですよ！

| 確認問題3 | | 陽母音と陰母音に分けながら活用形を書きましょう。🔊 | | |

用言の基本形（意味）		a. 다を除く	b. 語尾を選ぶ	c. ～です / ですか？
사다	（ 買う ）	사		
타다	（ 乗る ）	타		
오다	（ ）	오		
보다	（ 見る ）	보		
서다	（ / ）	서		
내다	（ 出す / おごる ）	내		
세다	（ ）	세		
배우다	（ / ）	배우		
보내다	（ ）	보내	陽母音 + 아요	
만나다	（ ）	만나	陰母音 + 어요	
건너다	（ 渡る ）	건너		
마시다	（ ）	마시		
쉬다	（ 休む ）	쉬		
바꾸다	（ 変える ）	바꾸		
외우다	（ 覚える ）	외우		
일어나다	（ 起きる ）	일어나		
기다리다	（ 待つ ）	기다리		
가르치다	（ 教える ）	가르치		

3 不規則活用

（1）하다に関する活用

하다の3つの役割	活用の形
a. 動詞の「する」として 공부하다（勉強する）＝공부를 하다（勉強をする）	하다 （하＋어요＜하여요） ⬇ 해요 a,b,c のすべてが同じ形
b. 接尾詞の「‐だ」として 유명하다（有名だ）	
c. 接尾詞の「‐がる、と思う」として 좋다（良い）➡좋아하다（良いと思う、好きだ）	

（2）되다に関する活用 🔊

되다の3つの役割	活用の形
a. 動詞の「なる」として 의사가 되다（医者が（→に）なる） 의사가 되고 싶어요.（医者になりたいです。）	되다 （되＋어요） ⬇ 돼요 a,b,c のすべてが同じ形
b.「できる・可能」の意として 지금 비빔밥 돼요?（今ピビンパできますか。） 지금은 안 돼요.（今はできません。）	
c. 接尾詞の「‐される」として 걱정하다（心配する） ➡걱정되다（心配される→心配になる）	

次の文を完成させましょう。 🔊

Q：보통 집에서 뭐 해요？（普段、家で何しますか。）

A1：영화를 감상＿＿＿＿＿＿＿．	A2：스포츠를 관전＿＿＿＿＿＿＿．

※ 에서 ((場所の) で)、영화 (映画)、감상 (鑑賞)、스포츠 (スポーツ)、관전 (観戦)

Q：지금 시간 돼요？ 今時間取れますか (⇒ [意訳] ありますか)。

A1：네, ＿＿＿＿＿＿＿＿＿．	A2：아니요, 안 ＿＿＿＿＿. 바빠요.

※ 시간 (時間)、네 / 아니요 (はい (예) の打ち解けた丁寧体 / いいえ)、바빠요 (忙しいです)

アクティビティ 자기소개(自己紹介) 🔊 「打ち解けた言い方編」

（1）名前紹介	
Ia) 私は △△です。 ＿＿＿＿＿＿＿＿＿＿＿＿＿ Ib) 私の 名前は ○○ △△です。 ＿＿＿＿＿＿＿＿＿＿＿＿＿ Ic) 私は ○○ △△と言います。 ＿＿＿＿＿＿＿＿＿＿＿＿＿	(예) 저는 <u>마키</u>예요. 제 이름은 <u>고토 마키</u>예요. 저는 <u>고토 마키</u>라고 해요.
（2）趣味・故郷の紹介	
2a) 私の 故郷は ◇◇です。 ＿＿＿＿＿＿＿＿＿＿＿＿＿ 2b) 私の 趣味は □□です。 ＿＿＿＿＿＿＿＿＿＿＿＿＿ 2c) 私は ◎◎が (→を) 好きです。 ＿＿＿＿＿＿＿＿＿＿＿＿＿	제 고향은 <u>고베</u>예요. 제 취미는 <u>음악감상</u>이에요. 저는 <u>한국요리</u>를 좋아해요.

（3）締めの言葉	
3a) よろしくお願いします。	잘 부탁해요.
3b) よろしくお願いいたします。	잘 부탁드려요.
3c) 以上です。	이상이에요.

おしゃべり 好きな韓国のドラマと日本のアニメについて話してみましょう。

例 한국 드라마를 봐요?　네, 봐요. / 아뇨. 애니메를 봐요.

　　주로 어떤 장르를 좋아해요?　　（主にどのジャンルが好きですか？）

　　공포, 로멘틱, 역사, SF, …(恐怖(ホラー)、ロマンチック、歴史、SF、…)

《띄어쓰기 (分かち書き)》

第9課でも触れたように韓国語は一般的にハングル文字のみを用いるため《띄어쓰기 (分かち書き)》のルールが設けられています。基本的に名詞の後ろの (自立性のない) 助詞はくっつけて書き、助詞の後ろに来る名詞はあけて書きます。また今日・明日・早くなどの (自立性のある) 副詞の後もあけて書きます。

課題 1

「打ち解けた言い方」の単文を作る練習です。分かち書きをしながら、与えられた条件に合わせて問題を完成させましょう。疑問文には必ず「?」をつけてください。🔊

1) 先生に会いますか。(선생님 , 만나다)　　　　※「〜に→を会う」に注意!

선	생	님	을		만	나	요	?		

2) 友達が来ます。(친구 , 오다)

3) 朝ごはんを食べます。(아침밥 , 먹다)

4) その人を知っていますか。(그 사람 , 알다)　※「知っています」は「知ります」に。

5) あの方は先生です。(저 분 , 선생님)

6) BTSが好きです。(BTS, 좋아하다)　　　　※韓国語は「〜を好きだ」

7）今日時間がありますか。（오늘 , 시간 , 있다）　※時間副詞の後も間をあけ
て書く。

8）ここはショッピングが不便です。（여기 , 쇼핑 , 불편하다）

課題2　アクティビティの内容を組み合わせて、打ち解けた言い方を使っ
てあなたの自己紹介を5行ほどで完成させましょう。

（挨拶）

（名前）

（故郷）

（趣味・関心分野など）

（締めの挨拶）

안녕하세요?
제 이름은 하나예요.
고향은 ……. 취미는 …….

　第9課と第10課では「かしこまった言い方 (ㅂ니다 / 습니다)」と「打ち解けた言い方 (아요 / 어요)」という丁寧体を肯定形で勉強しました。今課ではさらに「打ち解けた言い方 (아요 / 어요)」を中心に否定形について勉強します。

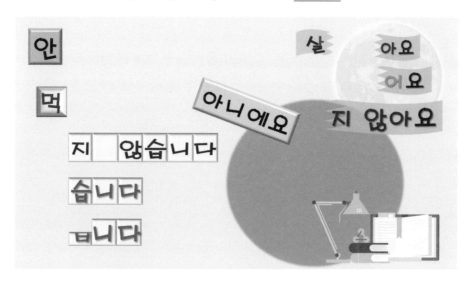

Ⅰ　述語の否定形

（1）用言（ ➡ 動詞と形容詞 (日本語は形容動詞も含む))

後ろの否定形 (長い否定)		前の否定形 (短い否定)		
語幹지 않다 ➡ 語幹지 않아요		안※ – 아요 / 어요		
➡ 語幹지 않습니다		안※ – ㅂ니다 / 습니다		
가지 않아요	(行きません)	안	가요	(行かないです)
가지 않습니다			갑니다	
먹지 않아요	(食べません)	안	먹어요	(食べないです)
먹지 않습니다			먹습니다	

※ 前の否定形안은아니다 (違う) の아니 /ani/ が안 /an/ に変化したものです。

（2）名詞文

肯定形	否定形
名詞+이다 (だ / である)	名詞+이 / 가 아니다 ➡ 名詞+이 / 가 아니에요 [直訳] が違います⇒ではありません
名詞 (パッチム有) +이에요 선생님이에요 名詞 (パッチム無) +예요 친구예요	⇒ 名詞 (パッチム有) 이 아니에요 선생님이 아니에요 ⇒ 名詞 (パッチム無) 가 아니에요 친구가 아니에요

➡ かしこまった言い方では名詞이 / 가 아닙니다になります。

注意　名詞文の否定に用言の形式を用いないようにしてください。

안 친구예요	선생님이지 않아요⇒선생님이잖아요 (先生でしょう)
・名詞文の否定に 안は使えません。	・名詞文の否定に지 않아요を使うと、잖아요(確認の 「でしょう」)という別の意味になってしまいます。

確認問題 1　空欄を完成させましょう。(知らない語彙は調べましょう)

基本形 (意味)	打ち解けた言い方	
	前否定 (短い否定形)	後ろ否定 (長い否定)
가다　　（　行く　）	안 가요	가지 않아요
오다　　（　　　）		
자다　　（　　　）		
만나다　（　　　）		
일어나다　（　　　）		

		肯定形	否定形
좋아하다 ( )			
먹다 ( )			
있다 (ある / いる)		없어요※ ~~안 있어요~~	있지 않아요
알다 (知る)		몰라요※ ~~안 알아요~~	알지 않아요
마시다 ( )			
살다 ( )			
배우다 ( )			
쉬다 ( )			
名詞文		**肯定形**	**否定形**
친구이다 ( )		친구예요	친구가 아니에요
선생님이다 ( )			
일본사람이다 (日本人だ)			
여자친구이다 (彼女だ)			
남자친구이다 (彼氏だ)			

※ 있다と알다の否定には、否定形を使わず、反対語없다と모르다が使われます。ただ
「いる」の否定形안 있어요 / 있지 않아요は母語話者に使われたりします。

（3）その他の否定

役割による하다の3つの分類	前否定 (短い否定形)
a. 動詞の「する」 공부하다 (勉強する) ＝공부를 하다 (勉強をする)	공부 안 해요
: ここの하다は動詞として自立性があり、名詞と分離して動詞の前に안を置く。	
b. 接尾詞「-だ」 유명하다 (有名だ)	안 유명해요
c. 接尾詞「-がる」(と思う) 좋다 (いい) ➡ 좋아하다 (いいと思う、好きだ)	안 좋아해요
: ここの하다は接辞であるため自立性が無く、分離できない。先頭に置く。	

確認問題 2　空欄を完成させましょう。🔊

하다用言	前否定	後ろ否定
공부하다※ [動](　　　　)	공부 안 해요	공부하지 않아요
요리하다 [動](料理する)		
유명하다 [形](　　　　)		
일하다 [動](仕事する / 働く)		
좋아하다 [動](　　　　)	안 좋아해요	좋아하지 않아요
싫어하다 [動](嫌いだ)		
불편하다 [形](不便だ)		

편리하다 [形](便利だ)		
조용하다 [形](静かだ)		
걱정하다※ [動](　　　)	걱정 안 해요	걱정하지 않아요
걱정되다※ [動](　　　)	걱정 안 돼요	걱정되지 않아요

※「공부하다(勉強する)＝공부를 하다(勉強をする)」「걱정하다(心配する)＝걱정을 하다 (心配をする)」、もしくは「걱정되다(心配される)＝걱정이 되다(心配がされる→心配に なる)」のように、自立性がある「하다(する)」「되다(される、なる)」は分離できます。

確認問題 3　　「打ち解けた言い方」の練習です。分かち書きをしながら、 与えられた条件に合わせて文を完成させましょう。🔊

1) 先生に会いませんか。(선생님 , 만나다 , 前の否定)　※「～「を」会う」 に注意!

선	생	님	을		안		만	나	요	?

2) 友達が来ません。(친구 , 오다 , 後ろの否定)

3) 朝ごはんを食べません。(아침밥 , 먹다 , 前の否定)

4) その人は知りません。(그 사람 , 알다 / 모르다)

5) 私は先生ではありません。(저 , 선생님)

6) キムチが嫌いではありません。(김치 , 싫어하다 , 前の否定) ※「〜が→を嫌いだ」

7) 時間がありませんか。(시간 , 있다 / 없다)

8) 日曜日は仕事しません (=働きません)。(일요일 , 일하다 , 前の否定)

9) 韓国人ではありません。(한국사람)

10) お酒は飲みません。(술 , 마시다 , 後ろの否定)

アクティビティ 友達に次の質問をして表に書きましょう。(以下の副詞
参照)

아침 (朝)	학교식당 (学校食堂)	커피 (コーヒー)
한국어 (韓国語)	일요일 (日曜日)	운동 (運動)
영화 (映画)	책 (本)	도서관 (図書館)	에 ((時間・場所) に)

질 문	자신	친구이름	친구이름
(1) 항상 아침을 먹어요?			
(2) 자주 학교식당에 가요?			
(3) 아침에 커피를 마셔요?			
(4) 매일 한국어 공부를 해요?			
(5) 가끔 운동을 해요?			
(6) 가끔 영화를 봐요?			
(7) 가끔 김치를 먹어요?			
(8) 자주 책을 읽어요?			
(9) 자주 도서관에 가요?			
(10) 일요일은 쉬어요?			
(質問を作って聞いてみましょう。)			

《副詞》 🔊

頻度の副詞	程度のイメージ	意味
매일	+++++	毎日
언제나・항상	+++++	いつも、常に
자주	+++ ~ ++++	よく、頻繁に
가끔	++ ~ +++	たまに
거의 안	+	ほとんど~しない
전혀 안		全然、全く~しない

指示代名詞

Ⅰ 指示詞

日本語		韓国語		英語	
この		이		this	
その	名詞	그	名詞	that※	名詞
あの		저			
どの		어느		which	

➡ 韓国語の場合は、助詞「の」は付けずに分かち書きをします。行くぞ（イグジョ）！で覚えましょう。

※英語では「その」と「あの」の区別をしませんが、韓国語は日本語と同様に、相手に近いものには「그」、どちらからも遠いものには「저」を用います。

確認問題1 次の日本語を韓国語にしましょう。

책 (本)　안경 (眼鏡)　모자 (帽子)　가방 (カバン)

1）この本 ＿＿＿＿＿＿ ＿＿＿＿＿＿＿

2）あの眼鏡 ＿＿＿＿＿ ＿＿＿＿＿＿＿

3）その帽子＿＿＿＿＿ ＿＿＿＿＿＿＿

4）どのカバン ＿＿＿＿＿ ＿＿＿＿＿＿＿

2 指示代名詞

日本語	韓国語		英語
	書き言葉	話し言葉	
これ	이것※	이거	this one/thing
それ	그것	그거	that one/thing
あれ	저것	저거	
どれ	어느 것	어느 거	which one/thing

※것は「もの(one)」「こと(thing)」の意味。つまり「友達のものです」は「친구 것이에요」、または「친구 거예요」になります。

確認問題 2　次の日本語を韓国語にしましょう。 🔊

1)（お店で自分からも店員からも離れている物を指さして）

　　あれください。　　　＿＿＿＿＿＿　＿＿＿＿＿＿＿＿＿＿.

2)（お店で自分からは離れて、店員の方には近い物を指さして）

　　そのカバンください。　　　＿＿＿＿＿＿　＿＿＿＿＿＿　＿＿＿＿＿＿＿.

3)（お店で自分から近い物を指さして）

　　この帽子ください。　　　＿＿＿＿＿＿　＿＿＿＿＿＿　＿＿＿＿＿＿＿.

そのカバン

《指示代名詞＋助詞》🔊

助詞	これ 이것 (이거 *)	それ 그것 (그거)	あれ 저것 (저거)	どれ 어느 것 (어느 거)
が	이것이 (이게 *)	그것이 (그게)	저것이 (저게)	어느 것이 (어느 게)
は	이것은 (이건 *)	그것은 (그건)	저것은 (저건)	어느 것은 (어느 건)
を **	이것을 (이걸 *)	그것을 (그걸)	저것을 (저걸)	어느 것을 (어느 걸)

* 括弧の中は縮約形の話し言葉。

** 日本語の話し言葉では「何(を)するの?」「これ(を)ください」のように、「を」の省略が多いのですが、韓国語でも「を」は縮約形より省略が多いです。

アクティビティ1　　例のように組み合わせて話し合ってみましょう。

課題I　　会話はノートに書いておきましょう。

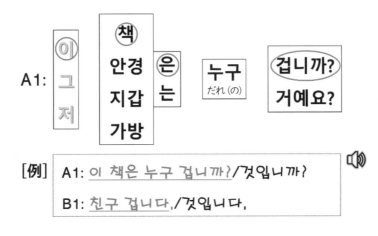

[例]　A1: 이 책은 누구 겁니까?/것입니까?　🔊
　　　 B1: 친구 겁니다./것입니다.

※ (書) 것입니까 ?/ 것이에요 ? ⇒ (話) 겁니까 ?/ 거예요 ?

アクティビティ2 例のように組み合わせて話し合ってみましょう。

課題2 会話はノートに書いておきましょう。

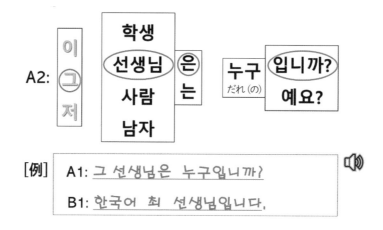

[例]
A1: 그 선생님은 누구입니까?
B1: 한국어 최 선생님입니다.

アクティビティ3 例のように組み合わせて話し合ってみましょう。

課題3 会話はノートに書いておきましょう。

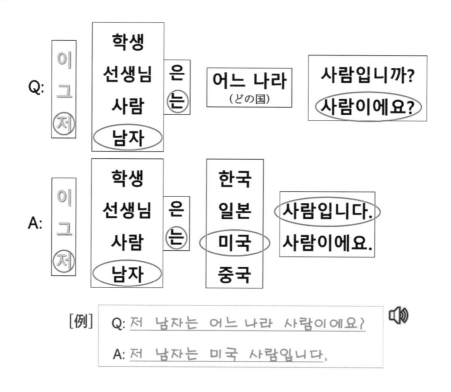

[例]
Q: 저 남자는 어느 나라 사람이에요?
A: 저 남자는 미국 사람입니다.

第12課　漢数詞 일 이 삼

　　日本語には「いち・に・さん…」と「 一つ・二つ・三つ…」の２種類の数詞があります。前者は中国の音読み由来[16]の漢数詞で、後者は古くから日本で使われてきた固有数詞です。韓国語にも日本語と同様に、漢数詞と固有数詞がありますが、その使い方は少し違います。今課では韓国語の漢数詞とその使い方について勉強します。

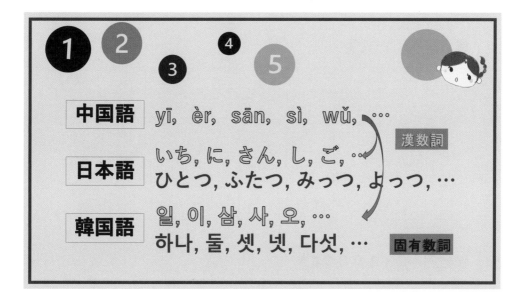

---

16) 現代の中国語は、一, 二, 三, 四, 五 (yī, èr, sān, sì, wǔ), …で、特に三 /san/ の発音が日本語は「さん /saN/」、韓国語は「삼 /sam/」と似ています。

I 漢数詞の特徴

（1）異なる使い道

日本語	韓国語
いち、に、さん、し、ご、…	일，이，삼，사，오，…
■ 漢数詞 ＋ 単位 　一個、二個、三個、… 　一時、二時、三時、… 　一才、二才、三才、… ➡ より一般的	■ 漢数詞 ＋ 単位 　例)(太陽暦) 日付、年、分、 　ウォン、学年、階、名、番号など ➡ より正確 　近代以降の単位

（2）漢数詞0〜10 🔊

0	1	2	3	4	5	6	7	8	9	10
영 공	일	이	삼	사	오	육	칠	팔	구	십
零 ゼロ	いち	に	さん	し よん	ご	ろく	しち	はち	きゅう	じゅう

（3）漢数詞10〜1000 🔊

10	십 シプ (→シp)	20	이십	30	삼십	97	구십칠
11	십일 シビル	21	이십일 イシビル	31	삼십일 サmシビル	98	구십팔
12	십이 シビ	22	이십이 イシビ	…		99	구십구
13	십삼	23	이십삼	90	구십	100	백 ペク (→ペk)
14	십사	24	이십사	91	구십일 クシビ	110	백십

15	십오 シボ	25	이십오 イシボ	92	구십이 クシビ	120	백이십 ペギシp
16	십육 シmニュk	26	이십육 イシmニュk	93	구십삼	150	백오십 ペゴシp
17	십칠	27	이십칠	94	구십사	160	백육십 ペりニュkシp
18	십팔	28	이십팔	95	구십오 クシボ	…	
19	십구	29	이십구	96	구십육 クシmニュk	1000	천

《「何」の使い分け》🔊

数詞を用いる「何」	몇 いくつ	몇 층에 살아요? (何階に住んでいますか。)	삼 층에 살아요. (3階に住んでいます。)
		몇 번을 타요? (何番を(→に)乗りますか。)	구십팔 번을 타요. (98番に乗ります。)
		사무실이 몇 호예요? (事務室が何号ですか。)	천사백이 호예요. (1402号です。)
数詞を用いない「何」	무엇	이것은 무엇이에요? ([話]이건/이거 뭐예요?) (これは何ですか。)	책이에요. (本です。)
	무슨 修飾形	무슨 요일이에요? (何曜日ですか。)	일요일이에요. (日曜日です。)

※韓国語の階の単位は층(層の音読み)です。

　質問に合わせて電話番号と住所を答えてみましょう。 🔊

	휴대전화(스마트폰)	가게 전화	주소※
수미	010-8436-2154		서울시 강남구 수서동 강남 아파트 301동 501호
우리 맛집		458-7861	부산시 연제구 중앙대로 1500번길

> 휴대전화 (携帯電話)、가게 전화 (店の電話)、
> 주소 (住所)、맛집 (味+家→行列店)

※韓国の住所には市・区・洞・番地の順の旧表記と市・区・道路名・番号の順の新表記があります。서울시 강남구 수서동 (ソウル市江南区水西洞) は前者の例で、부산시 연제구 중앙대로〇〇번길 (釜山市蓮堤区中央大路〇〇番みち) は後者の例です。さらにアパートや団地では主に〇〇동 (棟) と〇〇호 (号) の組み合わせで使われています。

① 수미 씨, 휴대폰 전화번호가 몇 번이에요? (=어떻게 돼요 ?(どうなりますか。))

② (店に向かっている客) 우리 맛집이지요 ? 지금 중앙대로에 있어요 . 몇 번길이에요 ?

③ (出前中の人から客であるスミへの電話) 손님 , 강남 아파트 몇 동 몇 호입니까 ?

④ (友達からの質問) 수미 씨는 몇 층 아파트에 살아요 ?

⑤ 何号・何番・何階などを使って友達に色々聞いてみましょう。

2　日付

（1）準備

	音読み	固有語 (訓読み)	例
月	げつ・がつ	つき	월요일 (月曜日)
	월	달	일요일 (日曜日)
日	にち・にっ	ひ	반달 (半月)
	일	날	어린이날 (こどもの日)

（2）月(月) 🔊

1月	2月	3月	4月	5月	6月	7月	8月	9月	10月	11月	12月
일월	이월	삼월	사월	오월	유월	칠월	팔월	구월	시월	십일월	십이월
イ ルォル		サ ムォル			육월 (✕)	チ ルォル	パ ルォル		십월 (✕)	シビ ルォル	シビ ウォル

➡ 標準語では6月と10月で音韻変化が生じていることに注意してください。

（3）日 (日) 🔊

1日	2日	3日	4日	5日	6日	7日	8日	9日	10日
일일	이일	삼일	사일	오일	육일	칠일	팔일	구일	십일
イリル		サミル			ユギル	チリル	パリル		シビル
11日	12日	13日	14日	15日	16日	17日	18日	19日	20日
십일일	십이일	십삼일	십사일	십오일	십육일	십칠일	십팔일	십구일	이십일
シ ビリル	シ ビイル	シp サミル		シ ボイル	シm ニュギル				イシビル

21 日	22 日	23 日	24 日	25 日	26 日	27 日	28 日	29 日	30 日
이십일일				이십오일	이십육일				삼십일
イシ ビリル				イシ ボイル	イシm ニュギル				サm シビル

31 日	
삼십일일	※ 십육 (16) の発音は [심뉵] ジmニュk (2 音節) です。
サm シビリル	鼻音化やn添加という音韻変化によるものですが、繰り返し練習し、 シプユク (4 音節) の発音にならないように注意してください。

確認問題 2 　次の日付に関する質問に答えましょう。 🔊

오늘 (今日)、몇 월 (何月)、며칠 (何日)、생일 (誕生日)、언제 (いつ)

※「何日」の韓国語は、理論上、「몇 일」と書き [며딜] と発音すべきなのですが、実際母語話者は [며칠] と発音しています。発音の揺れが生じないように、発音がそのままつづりになった例です。答える時には일 (日) を使ってください。

① 한국은 오월 오일이 어린이날이에요. 일본은 어린이날이 언제예요?

② 생일이 언제예요?

③ 오늘은 몇 월 며칠이에요?

④ 한글날은 몇 월 며칠이에요?

⑤ 友達に誕生日を聞いてみましょう。

※一般的に日付は5月 5日とアラビア数字で書きます。数詞をハングルで書く時には、오월 오일と月は数字と単位をくっつけ、日は数字と単位をあけて書きます。

パートナーと誕生日について話し合ってみましょう。

3　金額

（１）金額の連音トレーニングⅠ

韓国語では、億から「一」が付きます。

百ウォン	백 원	ペグォn	
千ウォン	천 원	チョヌォn	
一万ウォン	만 원	マヌォn	일（×）만 원
十万ウォン	십만 원	シmマヌォn	
百万ウォン	백만 원	ペ ŋ マヌォn	
一千万ウォン	천만 원	チョnマヌォn	일（×）천만 원
一億ウォン	일억 원	イログォn	

（２）金額の連音トレーニングⅡ

韓国語では、一万に「一」を付けません。空欄にハングルで書きましょう。

2100 ウォン	이천백 원	イチョnペグォn
2200 ウォン		イチョニベグォn
2500 ウォン		イチョノベグォn
2600 ウォン		イチョnニュkペグォn
12000 ウォン		マニチョヌォn
15000 ウォン		マノチョヌォn
16000 ウォン		マnニュkチョヌォn
20000 ウォン		イマヌォn

確認問題3 次の質問の答えをハングルで書きましょう。 🔊

1) 이것은 얼마예요? ([話] 이건/이거 얼마예요?) (1,700ウォンです。)

   ➡ 천칠백 원입니다./천칠백 원이에요.

2) 전부 얼마예요? (38,400ウォンです。)

   ➡

3) 이 가방은 얼마예요? (156,000ウォンです。)

   ➡

4) 그 시계는 얼마예요? (298,000ウォンです。)

   ➡

5) 저 차는 얼마예요? (23,000,000ウォンです。)

   ➡

アクティビティ2 友達と周りの物の値段について話してみましょう。

例　Q: 그 볼펜은 얼마예요?　A: 삼백십 엔이에요.

課題 次の質問に答えましょう。

1) 학교는 몇 분 수업이에요? 🔊

구	십	분		수	업	이	에	요	.

2) 교실은 몇 층에 있어요?

3） 오늘은 무슨 요일이에요?

4） 한국어 수업은 몇 호실에 있어요?

5） 생수는 보통 얼마예요?

《曜日》 ◁》

月曜日	火曜日	水曜日	木曜日	金曜日	土曜日	日曜日
월요일	화요일	수요일	목요일	금요일	토요일	일요일

◁》

> 학교 (学校)、분 (分)、수업 (授業)、교실 (教室)、호실 (号室)
> 생수 (生水→ミネラルウォーター)、보통 (普通→一般的に)

位置関連

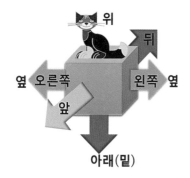

위(上)　아래(밑)(下)　앞(前)　뒤(後)
옆(横)　오른쪽(右側)　왼쪽(左側)

고양이가　상자　위에　있습니다.
（猫が箱の上にいます。）

확認問題 4　　次の絵を見て質問に答えましょう。

例)　가방이 어디에 있어요? (책상, 가방)

➡ 책상　위에　가방이　있어요.
　또는 가방은 책상 위에 있어요.
　（机の上にカバンがあります。）

1) 가방이 어디에 있어요? (책상, 가방)

➡ _____.

2) 안경이 어디에 있어요? (책상, 안경)

➡ _____.

3) 나무가 어디에 있어요? (집, 나무)

➡ _____.

4) 자동차가 어디에 있어요? (집, 자동차)

➡ _____.

5) 노트북, 휴대폰

➡ _____ .

6) 상자, 사과, 안(中)

➡ _____ .

7) 상자, 사과, 밖(外)

➡ _____ .

確認問題 5　イラストを見て次の質問に答えましょう。 🔊

> 영화관 (映画館)　은행 (銀行)
>
> 카페 / 커피숍 (カフェ / 喫茶店)
>
> 회사 (会社)　꽃집 (花屋)
>
> 헬스클럽 (ジム)
>
> 편의점 [便宜店] (コンビニ)

1) 꽃집 위에 무엇이(=뭐가) 있어요?

2) 2층 헬스클럽 밑에 뭐가 있어요?

3) 커피숍 오른쪽 옆에 뭐가 있어요?

パートナーと問題を作って位置関係を説明してみましょう。

하나 씨, 가방이 어디에 있어요?

確認問題6 イラストを見て次の質問に答えましょう。 🔊

서점 (書店)　　　학교 (学校)　　　버스 정류장 (バス停留所)

1) 저는 지금 편의점에 있어요. 은행에 어떻게 가요?

例　편의점 (왼쪽) 옆에 꽃집이 있어요. 꽃집 (왼쪽) 옆에 카페가 있어요.
그리고 카페 위에 은행이 있어요.

2) 저는 지금 서점에 있어요. 버스 정류장이 어디에 있어요?

3) 저는 지금 커피숍 안에 있어요. 헬스클럽은 어디에 있어요?

4) 지금 꽃집에 있어요. 학교에 어떻게 가요?

第13課　固有数詞 하나 둘 셋

　今課では12課の漢数詞に続き、日本語の固有数詞「一つ・二つ・三つ…」に対応する韓国語の固有数詞の使い方について勉強します。日本語は一個・一時・一名・一か月など、漢数詞に単位を付けて数えることが一般的ですが、韓国語は固有数詞に単位を付けて数えることがより一般的です。

I 固有数詞の特徴

（1）異なる使い道

日本語	韓国語
一つ、二つ、三つ、四つ、五つ、…	하나 , 둘 , 셋 , 넷 , 다섯 , …
■固有数詞 + 単位 ひと言、ふた言 (？)、 ひと月、ふた月、み月 (？)、 二十 (歳)、三十 (歳)、 ひとり、ふたり、 ふつか、みっか、…とおか ➡ 日付の一部 I〜2までの慣用表現にとどまる	■固有数詞 + 単位 한 개 , 두 개 , 세 개 , …の個 한 시 , 두 시 , 세 시 , …の時 한 살 , 두 살 , 세 살 , …のオ 한 사람 , 두 사람 , 세 사람 , …のひと ➡ より日常的 　日本語では漢数詞が担う部分

（2）単位による音韻変化

日本語は単位を付けて数えるとき、I・6・8・IOで以下のような音韻変化が起きます。一方、韓国語はI・2・3・4で音韻変化が起きます。

日本語		韓国語	
いち (iti)	いっこ (I 個)	하나 (hana)	한 (han) 개 (I 個)
ろく (roku)	ろっこ (6 個)	둘 (dul)	두 (du) 개 (2 個)
はち (hati)	はっこ (8 個)	셋 (set)	세 (se) 개 (3 個)
じゅう (jyuu)	じゅっこ (IO 個)	넷 (net)	네 (ne) 개 (4 個)

《よく使う単位》 🔊

数詞	I	2	3	4	5	6	7	8	9	IO
	하나	둘	셋	넷	다섯	여섯	일곱	여덟	아홉	열

개(個)	한 개	두 개	세 개	네 개	다섯 개				열 개
사람(人)	한 사람	두 사람	세 사람	네 사람					
명(名)	한 명	두 명	세 명	네 명					
시(時)	한 시	두 시	세 시	네 시					
살(才)	한 살	두 살	세 살	네 살					

数詞	11	12	…	20	21	…	100	101	111	…
	열하나※	열둘	…	스물	스물하나	…	백	백하나	백열하나	…
살(才)	열한 살	열두 살	…	스무 살	스물한살	…	백 살	백한살	백열한살	…

※日本語は単位を使わずに物を数えるとき、「ひとつ」から「とお」は使われますが、11を超えると「とお一つ」とは言わず、「じゅういっ」個の漢数詞が使われます。一方、韓国語は99までの固有数詞が漢数詞と同時に、特に年齢の表現を中心に使われています。

《10〜90までの固有数詞》 🔊

数字	10	20	30	40	50	60	70	80	90
固有数詞	열	스물	서른	마흔	쉰	예순	일흔	여든	아흔

➡ 日本語は「いち」から「いっ個」、「十一(じゅういち)」から「十一個(じゅういっ個)」へと同様の音韻変化が起きるように、韓国語の「하나(一つ)」から「한 개(1個)」への音韻変化も열한 개(11個)、스물한 개(21個)、백한 개(101個)、백열한 개(111個)、…へと有効であります。

確認問題 1　空欄にハングルで答えを書きましょう。 🔊

1) 이 사과 ＿＿＿＿ 개 주세요.

　（このりんご12個ください。）

2) 저는 ＿＿＿＿ 살입니다. / 제 나이는 ＿＿＿＿입니다.

　（私は20歳です。）　　　　（私の年は21です。）※単位をつけずに

3) 우리 교실에는 학생이 ＿＿＿＿ 명 있어요.

　（私たちの教室には学生が30名います。）

2　時間

（1）基本的な使い方

固有数詞 시 (時)　　　　漢数詞 분 (分)

➡「時」には固有数詞を、「分」には漢数詞を使います。

例　午前7時

오	전		일	곱		시

오전 7시

午後 1 時 30 分	11 時 50 分	12 時 10 分前
오후 한 시 삼십 분	열한 시 오십 분	열두 시 십 분 전
오후 1시 30분	11시 50분	12시 10분 전

確認問題2　上の例のように次の時間を2通り書きましょう。🔊

午前 8 時　　　午後 2 時 20 分　　　12 時 15 分　　　1 時 5 分前

_____　_____　_____　_____

_____　_____　_____　_____

《時間関連語彙》

🔊

아침 (朝、朝ご飯)	점심 (昼、昼食)	저녁 (夕方、夕食)	오전 (午前)
오후 (午後)	보통 (普通、日頃)	밤 (夜)	시간 (時間)
반 (半)	전 (前)	후 (後)[17]	

---

17) 前と後には①1時間前/1時間後の「時間」用法と②家の前/家の後ろの「位置」用法があり

　次の日本語を韓国語にしましょう。🔊

1.
보	통		아	침		여	섯		시	에
일	어	나	요	.						

(普通朝6時に起きます。)

2.

(月曜日は午前9時に学校に来ます。)

3.

(午後12時に学食を食べます。)・学食:학식

4.

(夕方7時半に友達に(→を)会います。)

5.

(夜11時に寝ます。)

アクティビティ　替え歌で覚えよう!十人のインディアン♪🎵🎶

➡ 誰もが聞いたことがある曲かと思います。まずリズムを覚えましょう。

ます。韓国語の時間用法では한 시간 전(一時間前)/한 시간 후(または뒤も可能)(一時間後)の音読みが、位置用法では집앞(家の前)/집뒤(家の後ろ)の訓読みが主に使われます。

ド ド ド ド ド ミ ソ ソ ミ ド | レ レ レ レ レ レ シ レ レ シ ソ

ド ド ド ド ド ミ ソ ソ ミ ド | ソ ソ ファ ファ ミ ミ レ レ ド

한 개 두 개 세 개 주세요. 네 개 다섯 개 여섯 개 주세요. 일곱 개 여덟 개 아홉 개 주세요. 열 개 다 주세요.	다 주세요 : 全部ください。
한 시에 두 시에 세 시에 만나요. 네 시에 다섯 시에 여섯 시에 만나요. 일곱 시에 여덟 시에 아홉 시에 만나요. 열 시에 꼭 만나요.	○○시에 만나요 : ○○時に会いましょう。 꼭 만나요 : 必ず会いましょう。

（2）応用編

《助詞の準備》🔊

・場所の「で」　-에서　例》집에서 쉬어요.

・AからBまで　[場所] A 에서 B 까지

　　　　　　　例》여기에서 저기까지 (ここからあそこまで)

　　　　　　　[時間] A 부터 B 까지

　　　　　　　例》아침부터 저녁까지 (朝から夕方まで)

・手段の「で」　-(으)로 a. パッチム無：카드로 계산해요.（カードで会計します。）

　　　　　　　　　b. パッチム有：손으로 먹어요 . (手で食べます。)

　　　　　　　　　c. パッチムㄹ：지하철로 가요 . (地下鉄で行きます。)

| 確認問題4 | 次の日本語を打ち解けた言い方の韓国語にしましょう。🔊 |

1) _____

（午後2時に学校で授業があります。）　・学校：학교, 授業：수업

2) _____

（13日から15日まで会社に行きません。）　・会社：회사

3) _____

（バスで20分かかります。）　・バス：버스, かかる：걸리다

4) _____

（駅までどれくらいかかりますか。）　・駅：역, どれくらい：얼마나

5) _____

（現金でお願いします。）　・現金：현금, お願いする：부탁드리다

3　その他の単位

発音しながら空欄をうめましょう。

	하나	둘	셋	넷	다섯
번(番→回)	한 번				
장(枚)	한 장				
권(巻→冊)		두 권			
잔(杯)			세 잔		
마리(匹)			세 마리		
대(台)				네 대	
달(月(つき))					다섯 달

次の語彙を使って文を完成させましょう。🔊

A4 용지 (A4 用紙)	잡지 (雑誌)	생맥주 (生ビール)
고양이 (猫)	차 (車)	산 (山)

1) _____ (A4用紙、5枚、ありますか？)

2) _____ (雑誌、2冊、買います)

3) _____ (生ビール、一杯、ください)

4) _____ (猫、3匹、같이 (一緒に)、住みます)

5) _____ (ふた月、一回、山に行きます)

6) _____ (車、一台도 (も)、ありません)

《手段の助詞「で」》🔊

로				으로	
パッチム✕		パッチムㄹ		パッチム〇	
자전거로	自転車で	지하철로	地下鉄で	신칸센으로	新幹線で
버스로	バスで	제이알 (JR) 로	JRで	숟가락으로	スプーンで
자동차로	自動車で	전철로	電車で	손으로	手で
카드로	カードで			현금으로	現金で

※パッチムがㄹで終わる名詞には「으」を挿入しません！

※「歩いて」は걸어서

지하철로

ㄹㄹは韓国語音韻ルールの特徴のひとつだよね！

日課アクティビティ　次の質問に答えましょう。🔊

1) 아침에 몇 시에 일어나요?　　　　　아침＿＿＿＿＿＿에 일어나요.

2) A1: 보통 아침을 먹어요?　　　　　B1: 예, 먹어요.

　　 A2: 몇 시에 먹어요?　　　　　　　B2: 보통 ＿＿＿＿에 먹어요.

　　　　　　　　　　　　　　　　　　C1:아니요, 저는 ＿＿＿＿＿＿＿＿

3) A1: 집에서 학교까지 어떻게 가요?　 B1: ＿＿＿＿＿＿＿＿＿＿＿＿＿

　　 A2: 얼마나 걸려요?　　　　　　　　B2: ＿＿＿＿＿＿＿＿＿＿＿＿＿

4) 보통 몇 시에 자요?　　　　　　　　보통 밤 ＿＿＿＿＿＿＿＿＿＿＿＿

5) 보통 몇 시에 저녁을 먹어요?　　　＿＿＿＿＿＿＿＿＿＿＿＿＿＿＿

6) 일주일에 몇 시간을 공부해요?　　＿＿＿＿＿＿＿＿＿＿＿＿＿＿＿

7) 하루에 몇 시간 유튜브를 봐요?　　＿＿＿＿＿＿＿＿＿＿＿＿＿＿＿

8) 몇 시에 한국어 수업이 있어요?　　＿＿＿＿＿＿＿＿＿＿＿＿＿＿＿

9) 하루에 커피(もしくは 차)를 몇 잔 마셔요?　＿＿＿＿＿＿＿＿＿＿＿＿＿＿＿

10) (問題を作って聞いてみましょう)　　＿＿＿＿＿＿＿＿＿＿＿＿＿＿＿

１）家から学校までは自転車で 20 分かかります。

２）東京から大阪まで新幹線でどれくらいかかりますか。

３）韓国のッサム料理と日本の寿司は手で食べます。

※쌈（ッサム）は、動詞싸다（包む）の名詞形であり、焼いた肉をサンチュに包んで
　食べるのもッサム料理の一つと言えます。

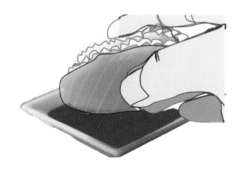

| 課題 | 次のセリフを参考に「食堂に入る」「注文する」「会計する」の3つのシーンを想定して、2〜3人で会話を作ってみましょう。 |

参考のセリフ	メニュー
어서 오세요! (いらっしゃいませ!) 몇 분이세요? (何名様でいらっしゃいますか。) 혼자(ひとり), 두 명/두 사람(2名), … 이쪽으로 오세요. (こちらへいらしてください。) 여기 앉으세요. (こちらにお座りください。)	우리 맛집 ＜메뉴＞ 불고기 김밥　3000 원 김치 김밥　2500 원 치즈 김밥　2700 원
여기요! (あの、すみません!) 손님, 주문은 어떻게 하시겠습니까? 　(注文はどうなさいますか。) △△　◎ 개하고　□□　◇ 인분 주세요. 　(△△ ◎個と□□ ◇人前ください。)	
잘 먹었습니다. (ごちそうさまでした。) 얼마예요?/ 얼맙니까? (おいくらですか。) 따로따로 계산해 주세요. 　(別々に会計してください。) 많이 파세요. (たくさん売ってください。) 안녕히 가세요. 　(さよなら;店側がお客さんに向かって) 안녕히 계세요. 　(さよなら;客側がお店の人に向かって) 또 오세요. (またいらしてください。)	떡볶이 일 인분　2000 원 라면　한 그릇　2500 원 국수　한 그릇　3000 원

| 食堂アクティビティ | 作ったセリフで友達と実際に演じてみましょう。 |

家族関連

I　話し手が女性と男性による呼び方

《女性の場合》　　　　　《男性の場合》

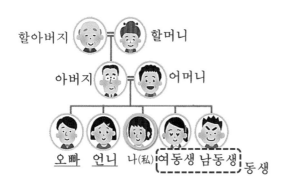 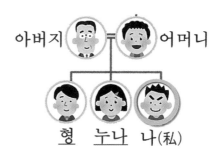

➡ 兄弟の中、下線の部分が異なります。さらに、妹や弟は区別せず「동생」と言えます。

確認問題 1

女性 (左上の私) に質問します。

1) 이 사람은 여동생이에요?

➡ 아니요 , 여동생이 아니에요. ＿＿＿예요.

男性 (右上の私) に質問します。

2) 이 사람은 여동생이에요 ?

➡ 아니요 , 여동생이 아니에요. ＿＿＿예요.

女性 (左上の私) に質問します。

3) 이 사람은 누구예요 ?

➡ 제 ＿＿＿이에요. (우리※ ＿＿＿이에요.)

男性 (右上の私) に質問します。

4) 이 사람은 누구예요?

➡ 제 ＿＿＿이에요. (우리※ ＿＿＿이에요.)

※ 韓国では、だれかに家族や家を紹介するとき、私より우리 (私たち) をよく使います。例えば우리집 (私たちの家)、우리 어머니 (私たちのお母さん)、우리 누나 (私たちのお姉さん)、우리 딸 (私たちの娘)、우리 아들 (私たちの息子) などがあります。

2 父方の兄弟「삼촌」と母方の姉妹「이모」

「삼촌」とは、親族関係の三寸 (日本語の三親等) に由来した言葉で、父方の兄弟を指します。日本語の「おじさん」のように親戚ではない人にも使え、韓国では子どもが오빠 / 형 (お兄さん) と呼ぶには歳が離れ、아저씨 (おじさん) と呼ぶには若い男性に親しみをこめて言います (左下側の図)。

「이모」とは、母方の姉妹を指します。「삼촌」のように、子どもが親戚ではない人には언니 / 누나 (お姉さん) と아줌마 (おばさん) の間の若い女性に親しみをこめて使います (右下側の図)。ぜひ映画やドラマから聞き取ってみてください。

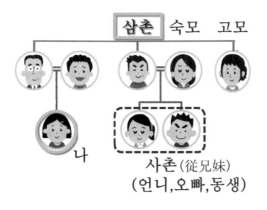

사촌(従兄妹)
(언니,오빠,동생)

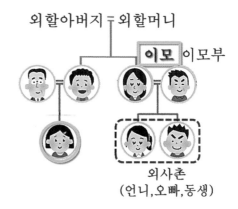

외사촌
(언니,오빠,동생)

3　家族紹介

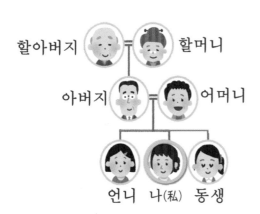

1）몇 식구^{※1}예요 ?

　　　_____ 식구예요 . (←固有数詞)

2）가족이 어떻게 돼요 ?

例　할아버지 , 할머니 , 부모님 , 언니가 하나^{※2}, 동생이 하나 있어요 .

※1 日本語は家族構成員を数える単位として「〜人家族」が使われますが、韓国語では食口 (食口) が使われます。韓国語で3가족 (家族) とは3世帯を意味します。

※2 韓国語の하나は、物だけではなく、兄弟を数える時にも使えます。

確認問題 3　次の家族を紹介しましょう。

1）가족이 어떻게 돼요?

　아버지, 어머니, 누나가 _____, 고양이가 _____ 그리고 저 모두 _____ 식구예요.

2）아사코 씨, 가족이 어떻게 돼요?

　_____하고 딸이 _____, 아들이 _____ 그리고 저 모두 _____ 식구예요.

🔊

고양이 (猫)　남편 (夫)　딸 (娘)　아들 (息子)

アクティビティ あなたの家族を紹介しましょう。

　第9課と第10課では現在形で「かしこまった言い方（ㅂ니다/습니다）」と「打ち解けた言い方（아요/어요）」という丁寧体の活用を勉強しました。今課では過去形の活用を身につけます。

Ⅰ　過去形と語尾

（1）陽母音グループ

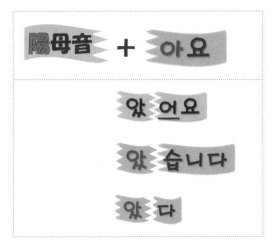

[現在形]

살다 (住む) → 살 + 아요 → 살아요

[過去形]

→ 살 + 았 + 어요 → 살았어요

→ 살 + 았 + 습니다 → 살았습니다

→ 살 + 았 + 다 → 살았다

（ 住んだ / 住んでいた ）

➡ 過去形았+어요は、中世の아잇 + 어요に由来しています。

（2）陰母音グループ

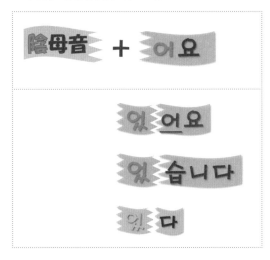

[現在形]

먹다 (住む) → 먹 + 어요 → 먹어요

[過去形]

→ 먹 + 었 + 어요 → 먹었어요

→ 먹 + 었 + 습니다 → 먹었습니다

→ 먹 + 었 + 다 → 먹었다

（ 食べた ）

陽母音と陰母音に分けながら活用形を書きましょう。🔊

用言の基本形（意味）		a. 다を除く	b. 語尾を選ぶ	c. ～ました / ましたか？
먹다	（　　　　）	먹		먹었어요
살다	（　　　　）	살		살았어요
읽다	（　　　　）	읽		
알다	（　　　　）	알		
있다	（　/　）	있	＋ 았어요	
없다	（　/　）	없	＋ 었어요	
만들다	（　　　　）	만들		
좋다	（　　　　）	좋		
괜찮다	（　　　　）	괜찮		
받다	もらう	받		

（3）名詞文のプロセス

a. パッチム有で終わる名詞

선생님이다 (先生+だ)	➡ 선생님이 + 었어요	➡ 선생님이었어요. ニミオッソヨ

b. パッチム無で終わる名詞

친구이다 (友達+だ)	➡ 친구이 + 었어요	➡ 친구였어요.
	※이 /i/＋ 었 /ɔt/ ⇒였 /yɔt/ 縮約に注意！	

確認問題 2　過去形にしましょう。 🔊

1) 학생＿＿＿＿＿＿＿＿＿＿＿.	2) 제 취미는 요리＿＿＿＿＿＿＿.
3) 언니＿＿＿＿＿＿＿＿＿＿＿.	4) 제 취미는 등산＿＿＿＿＿＿＿.

※ 저 (私)、학생 (学生)、취미 (趣味)、요리 (料理)、등산 (登山)

2　パッチムがない時の縮約形

（1）다の前がパッチムのない陽母音「ㅏ」と陰母音「ㅓ」の語幹：

例：「가다 (行く)」「서다 (立つ・止まる)」

가 + 았어요 ➡ 갔어요	서 + 었어요 ➡ 섰어요

[対称的]
陽母音で成立するものは鏡のように陰母音でも成立する。

（2）다の前がパッチムのない陽母音「ㅗ」と陰母音「ㅜ」の語幹：

例：「오다 (来る)」「배우다 (習う・学ぶ)」

오 + 았어요 ➡ 왔어요	배우 + 었어요 ➡ 배웠어요

[対称的]
陽母音で成立するものは鏡のように陰母音でも成立する。

（3）다の前がパッチムのない陰母音「ㅣ」の語幹：

例：「마시다 (来る)」

마시 + 었어요 [si+ɔt] ➡ 마셨어요 [syɔt]

➡ 쉬다 (休む) の語幹の母音は複合母音ㅟ[wi] であり、縮約は起きず쉬었어요です。

（4）다の前がパッチムのない複合母音「ㅐ」と「ㅔ」の語幹：

例：「보내다(物や時間、人などを)送る・(時間を)すごす)」「세다(数える)」

보내 + 었어요	세 + 었어요
➡ 보냈어요・보내었어요	➡ 셌어요・세었어요

縮約をしてもしなくてもいいですが、一般的に縮約形が使われています。

確認問題3　9課と10課の現在形活用で使われていた動詞です。ここでは直接書き込まず、内容を指でなぞりながら過去形の活用を話す練習をしましょう。🔊

用言の基本形 (意味)		a. 다を除く	b. 語尾を選ぶ	c. ～ました / ましたか？
사다	(　)	사		
타다	(　)	타		
오다	(　)	오		
보다	(　)	보		
서다	(/ 　)	서	＋았어요	
내다	(/ 　)	내		
세다	(　)	세	＋었어요	
배우다	(/ 　)	배우		
보내다	(　)	보내		
만나다	(　)	만나		
건너다	(　)	건너		
마시다	(　)	마시		

쉬다	(　　　)	쉬			
바꾸다	(　　　)	바꾸			
외우다	(　　　)	외우			
일어나다	(　　　)	일어나			
기다리다	(　　　)	기다리			
가르치다	(　　　)	가르치			

3　その他の하다 (する) と되다 (なる) 動詞

하다 : 하 + 었어요	되다 : 되 + 었어요
[書] 하였어요	[書] 되었어요
[書 / 話] 했어요 (縮約形)	[書 / 話] 됐어요 (縮約形)

例文 1　パートナーと話してみましょう。🔊

A: 이야기했어요? （ 話しましたか？ ） B: 네, 다 이야기했어요. （ はい、全部話しました。 ）	A: 오디션에서 됐어요? （ オーディション、できましたか？ ） B: 네, 됐어요! （《 嬉しそうに 》はい、できました！ ）
A: 그 가게가 없어졌어요. （ その店が無くなりました。 ） B: 그래요? 저 그 요리 좋아했어요. （《 残念な声で 》そうなんですか？ 私、その料理好きでした。 ）	A: 그 친구는 뭐가 됐어요? （ その友達は何が (⇒に) なりましたか？ ） B: 공무원이 됐어요. （ 公務員が (⇒に) なりました。 ）

《助詞：(人)に・(人)から》

に			から		
場所 / 時間	有情物		場所・出発点	有情物	
여기에 /3 시에	친구에게	(話) 친구한테	여기에서	친구에게서	(話) 친구한테서
ここに / 3時に	友達に		ここで・ここから	友達に	

➡ 有情物とは感情のある名詞、つまり人間や身近な動物などを指し、韓国語では「 に 」「 から 」助詞を区別して使います。

| 確認問題 4 | 日本語に訳しましょう。 🔊 |

선생님에게서 전화가 왔어요. ( )	남자친구에게 이야기했어요. ( )
그거 저한테 주세요. ( )	그거, 누구한테서 받았어요? ( )

※ 전화 (電話)、남자친구 (彼氏 / 男友達)、누구 (だれ)

---

4 否定形×過去形

（1）用言 (動詞と形容詞)

後ろの否定形 (長い否定)	前の否定形 (短い否定)
語幹 + 지 않다 ➡ 語幹 + 지 않았어요	안 － 았어요 / 었어요
가지 않았어요 (行きませんでした) 먹지 않았어요 (食べませんでした)	안 갔어요 (行かなかったです) 안 먹었어요 (食べなかったです)

➡ かしこまった言い方であれば、語幹지 않았습니다になります。

（2）名詞文

肯定形	否定形
名詞+이다(だ / である)	名詞+이 / 가 아니다 [直訳] が違う⇒ではない
名詞 (パッチム有) +이었어요 선생님이었어요 名詞 (パッチム無) +였어요 친구였어요	⇒　名詞 (パッチム有) 이 아니었어요 선생님이 아니었어요 ⇒　名詞 (パッチム無) 가 아니었어요 친구가 아니었어요

➡ かしこまった言い方であれば、名詞이 / 가 아니었습니다になります。

確認問題 5　直接書き込まず、内容を指でなぞりながら話す練習をしましょう。 🔊

基本形(意味)	打ち解けた言い方	
	前否定 (短い否定形)	後ろ否定 (長い否定)
가다　　　　 (行く)	안 갔어요	가지 않았어요
오다　　　　 (　　　)		
자다　　　　 (　　　)		
만나다　　　 (　　　)		
일어나다　　 (　　　)		
좋아하다　　 (　　　)		
먹다　　　　 (　　　)		
있다　　 (　　 /　　)	없었어요※ 안 있었어요	(いる) 있지 않았어요
알다　　　　 (　　　)	몰랐어요※ 안 알았어요	알지 않았어요

마시다 （　　）			
살다 （　　）			
배우다 （　　）			
쉬다 （　　）			
옮기다 （移す/移転する）			
名詞文	**肯定形**		**否定形**
친구이다 （　　）	친구였어요		친구가 아니었어요
선생님이다 （　　）			
일본사람이다 （日本人だ）			
여자친구이다 （彼女だ）			
남자친구이다 （彼氏だ）			

※ 있다と알다の否定には、否定形ではなく反対語없다と모르다が使われます。ただ「いる」
　の否定形안 있었어요 / 있지 않았어요は母語話者に使われることもあります。

（3）하다（する/-だ/-がる）と되다（なる/できる/-される）の否定「안」

例文2	次の内容を完成させてからパートナーと話してみましょう。🔊

A: 이야기했어요?	A: 오디션에서 됐어요?
（話しましたか？）	（オーディション、できましたか？）
B: 아뇨 , 이야기 _____ .	（＝受かりましたか？）
（いいえ、話さなかったです。）	B: 아뇨, _____ .
（＝話していないです。）	（いいえ、ダメでした。）

A: 그 가게가 없어졌어요. （その店が無くなりました。） B: 아뇨, _____. 옮겼어요. （いいえ、無くなっていません。移転しました。） （＝無くならなかったです。）	A: 그 친구는 의사가 됐어요? （その友達は何が（⇒に）なりましたか？） B: 아뇨, _____. （医者が（⇒に）ならなかったです。） （＝なっていないです。）

《過去形＆完了形》

日本語		韓国語の表現
もう話していますか？	➡	→ もう話しましたか？ 벌써 이야기했어요?
まだ話していないです。		→ まだ話しませんでした。 아뇨, 아직 이야기 안 했어요.
もうご飯食べていますか？	➡	→ もう食べましたか？ 벌써 밥 먹었어요?
まだごはん食べていないです。		→ まだ食べなかったです。 아뇨, 아직 밥 안 먹었어요.

➡ 韓国語では過去形と完了形が同じ形式です。つまり韓国語では「（아직，벌써，다，미리）まだ、もう、すでに、前もって」が伴う完了形「ている」は「−았／었−」を使います。

確認問題 6 次の空欄を完成させましょう。

하다用言	前否定	後ろ否定
공부하다 [動]（　　　）	공부 안 했어요	공부하지 않았어요
요리하다 [動]（　　　）		

유명하다 [形] ( )		
일하다 [動] (/)		
좋아하다 [動] ( )	안 좋아했어요	좋아하지 않았어요
싫어하다 [動] ( )		
불편하다 [形] ( )		
편리하다 [形] ( )		
조용하다 [形] ( )		

課題 「否定形×過去形×打ち解けた言い方」の練習です。分かち書きをしながら、与えられた条件に合わせて文を完成させましょう。 🔊

1) 先生に (⇒を) 会わなかったですか。(선생님 , 만나다 , 前の否定 , ?)

2) 友達が来なかったです。(친구 , 오다 , 後ろの否定)

3) 朝ごはんを食べなかったです。(아침밥 , 먹다 , 前の否定)

4) 時間がなかったです。(시간 , 있다 / 없다)

5) その先生ではありませんでした。(그 , 선생님)

6) それが (⇒ を) 嫌いではなかったです。(그것 , 싫어하다 , 前の否定)

7) 日曜日は働かなかったです。(일요일 , 일하다 , 前の否定)

8) 韓国人ではなかったです。(한국사람)

9) お酒は飲まなかったです。(술 , 마시다 , 後ろの否定)

10) 中国語は習わなかったです。(중국어 , 배우다 , 後ろの否定)

《時間関連の語彙と分かち書き(띄어쓰기)》🔊

지난 (前の、先ー ; Last)		이번 (今回、今ー ; This)	
지난주	先週	이번 주	今週
지난해	前の年	이번 해	この年
(=작년)	(=昨年)	(=올해)	(=今年)
지난달	先月	이번 달	今月
지난번	前回	이번	今回
自立性がなく、派生語として付けて書く			
지난 일요일		이번 일요일	
(=지난주 일요일)		(=이번주 일요일)	
지난 3 월		이번 3 월	
(=지난달 3 월)		(=이번달 3 월)	
지난번 숙제 (前回の宿題)		이번 숙제 (今回の宿題)	
(過ぎる) の修飾形としてあけて書く		(今回) は自立性があってあけて書く	

書き方 Check!

次のように間違っていませんか？

선생님이<u>였</u>어요 / <u>핬</u>어요 / 살<u>았</u>아요 / <u>유명 안 했</u>어요

➡ 이었　　➡ 했　　➡ 어요　➡ 안 유명했어요

アクティビティ 友達に質問してみましょう。 🔊

오늘 (今日)	어제 (昨日)	언제 (いつ)	아침 (朝)	저녁 (夕方)
뭐 / 무엇 (何)	전 (前)	후 / 뒤 (後)		일주일 (一週間)

질문	자신	친구 이름	친구 이름
(1) 오늘 언제 일어났어요?			
(2) 언제 아침을 먹었어요?			
(3) 어제 몇 시에 잤어요?			
(4) 어제 저녁에 뭐 먹었어요?			
(5) 지난 일요일에 뭐 했어요?			
(6) 지난 크리스마스에 누구하고 있었어요?			
(7) 지난 주 토요일에 아르바이트가 있었어요?			
(8) 두 시간 전에 뭐 했어요?			
(9) (問題を作ってみましょう)			

하나 씨, 오늘 언제 일어났어요?

第15課 形容詞と不規則活用

　これまでは動詞を中心に「打ち解けた言い方」の規則活用とその縮約形を身につけました。今課では不規則活用の多い形容詞を中心に勉強します。

Ⅰ　形容詞の規則活用

基本的に形容詞も動詞と同様の活用を行います。

（1）陽母音グループ

[現在形]

작다 (小さい) → 작 + 아요 → 작아요

（2）陰母音グループ

[現在形]

적다 (少ない) → 적 + 어요 → 적어요

確認問題1 次はよく使う形容詞です。覚えながら活用を完成させましょう。🔊

基本形	意味	아요 / 어요	反対	基本形	意味	아요 / 어요
작다	（　　）			크다	（ 大きい ）	커요
많다 [18]	（ 多い ）			적다	（　　　）	
짧다	（ 短い ）			길다	（ 長い ）	
높다	（ 高い※ ）		↔	낮다	（ 低い ）	
좁다	（ 狭い ）	좁아요		넓다	（ 広い ）	
싸다	（ 安い ）			비싸다	（ 高い ）	
맞다※	（ 正しい ）			틀리다	（ 間違っている ）	
맛있다 [19]	（ おいしい ）			맛없다	（ まずい ）	

---

18) 만나요 (マンナヨ, 会います) と많아요 (マナヨ, 多いです) の発音の違いに注意して下さい。

19) 「맛있다」は、맛(味)+있다(ある)からの複合語です。マディッタが正しい発音ですが、一語のように[s]を連音した「マシッタ」がより一般的な読み方になりました。一方、「맛없다」は[d]を連音した本来の発音「マドプタ」のままで発音します。

《「大きい」と「高い」の使い分け》

日本語		英語	韓国語	
体が	大きい	big / large	몸이	크다
背が		tall	키가	(大きい)
山が	高い	high	산이	높다
服が		expensive	옷이	비싸다

《「合っている/正しい」と「間違っている」の使い方》

日本語		韓国語		
答えが	合っている 正しい	[形] 맞다 ➡	답이	맞아요
心 / 気が	合う		마음이	
答えが	が間違っている を間違えている	[動] 틀리다 ➡	답이	틀렸어요

➡ 日本語の「合う」は動詞であり、韓国語の「맞다」は形容詞であるため、使い方が異なります。さらに日本語の「間違う」では「ている」の形式が用いられますが、韓国語の「틀리다」には完了の「-았/었-」が対応します。

2　不規則活用

（1）ㅂ（[b], ビウプ）不規則

덥다 ([形] 暑い)	ㅂ [b] →우 [wu]	더우 + ㅓ요 ➡ 더워요

process.

$$덥다 ➡ 덥 ➡ 더우 + ㅓ요 ➡ 더워요$$

[例外] 「돕다」には昔の陽母音ルールが化石のように残っています。

| 돕다 ([動] 手伝う、助ける) | ㅂ [b] → 오 [wo] | 도오 + ㅏ요 ➡ 도와요 |

➡ このルールは、現在では例外として돕다, 곱다 (≒아름답다, 美しい) のみに残っていて、その他すべての陽母音は、陰母音と同様に워になります。

確認問題2 太字はㅂ ([b], ビウプ) 不規則です。反対語と一緒にペアで覚えましょう。🔊

基本形	意味	아요 / 어요	反対	基本形	意味	아요 / 어요
덥다	( )			춥다	(寒い)	
가깝다	(近い)			멀다	(遠い)	멀어요
뜨겁다	(熱い)			차갑다	(冷たい)	
어렵다	(難しい)		⬌	쉽다 [20]	(易しい)	
가볍다	(軽い)			무겁다	(重い)	
밝다	(明るい)	밝아요		어둡다	(暗い)	
깨끗하다	(清潔だ)	깨끗해요		더럽다	(汚い)	

---

20) 쉬다 (休む) ⇒쉬어요 vs 쉽다 (やさしい) ⇒쉬워요の発音と活用に気をつけてください。

얇다※ （薄い）	얇아요	두껍다 （厚い）	
조용하다 （静かだ）	조용해요	시끄럽다 （うるさい）	

맵다 （辛い）		아름답다 （美しい）	
돕다 （ ／ ）		부끄럽다 （恥ずかしい）	

※「ㄼ /lb/」のように子音が2つのパッチムは規則活用になります。

（2）ㅡ（[ɯ]，ウ）不規則

쓰다（[動] 書く） 크다（[形] 大きい）

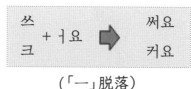

（「ㅡ」脱落）

쓰요(×) 크요(×)
☞ 韓国語でㅡと ㅓ は複合
母音として共存できない

※ 쓰다は同音異義語として動詞では「書く」「(帽子を)被る」「(眼鏡を)かける」「(傘を)さす」、形容詞では「苦い」の意味を持っています。

a.「ㅡ」の前の母音が陽母音のケース：나の「ㅏ」

나쁘다（悪い）

나쁘 + ㅏ요 ➡ 나빠요

b.「ㅡ」の前の母音が陰母音のケース：슬の「ㅡ」

슬프다（悲しい）

슬프 + ㅓ요 ➡ 슬퍼요

確認問題3	太字はウ不規則です。反対語と一緒にペアで覚えましょう。

基本形　　　意味	아요 / 어요	反対	基本形　　　意味	아요 / 어요
좋다　（いい / 好きだ）	좋아요		**나쁘다**　　（　　　）	
기쁘다　（うれしい）		⬌	**슬프다**　　（　　　）	
바쁘다　（忙しい）			한가하다　（暇だ）	한가해요

基本形　　　意味	아요 / 어요		基本形　　　意味	아요 / 어요
귀엽다　（かわいい）	귀여워요		**예쁘다**　（きれいだ）	

《[l]の特徴》

<日本語の [l] の特徴>

　　コーラ　（ 코라 ）

<韓国語の [l] の特徴>

　　콜라　（ コルラ ）

➡ ━([ɯ], ウ)不規則にこの[l]の特徴が加わったのが次の르(ルゥ)不規則です。つまり ━([ɯ], ウ)不規則の特徴は「르(ルゥ)不規則」にも反映されます。

（3）르（[lɯ], ルゥ）不規則

　a.「르」の前の母音が陽母音のケース : 다の「ㅏ」

다르다([形] 異なる、違う)

다르 ＋ ㅏ요 /da l a yo/ ➡ 달라요

　b.「르」の前の母音が陰母音のケース : 이の「ㅣ」

이르다 ([形] 早い)

이르 ＋ ㅓ요 /i l l yo/ ➡ 일러요

　太字はウとルゥの不規則です。反対語と一緒に覚えましょう。🔊

基本形　　意味	아요 / 어요	反対	基本形　　意味	아요 / 어요
다르다 （　/　）			같다　　（同じだ）	같아요
이르다 （　）			늦다　　（遅れる）	늦어요
빠르다　　（速い）			느리다　　（遅い）	느려요
배부르다（お腹一杯だ）			**배고프다**（お腹空いた）	
알다　　（　）			**모르다**　　（　）	

（4）ㅎ（[h], ヒウッ）不規則

파랗다（[形]青い）

파랗 ＋ ㅏ요（ㅎ[h]が抜ける）➡ 파래요

　次は白黒赤青黄の5つの基本色の形容詞と指示の形容詞です。🔊

基本形　　意味	아요 / 어요	基本形　　意味	아요 / 어요
하얗다　　（白い）	하얘요	까맣다　　（黒い）	
빨갛다　　（赤い）		노랗다　　（黄色い）	
파랗다　　（　）		이렇다　　（こうだ）	이래요
그렇다　　（そうだ）		저렇다　　（ああだ）	

（5）‐하다 形容詞の活用

動詞でも形容詞でも‐하다からの‐해요活用は変わりません。否定形は「안」＋形容詞。

確認問題 6 🔊

基本形	意味	아요 / 어요	反対	基本形	意味	아요 / 어요
따뜻하다	（暖かい）		⇔	시원하다	（涼しい）	
편리하다	（便利だ）			불편하다	（不便だ）	
상냥하다	（優しい）			미안하다	（ごめんだ）	
착하다	（優しい）			죄송하다	（済まない）	
피곤하다	（疲れる）			심심하다	（退屈だ）	

➡ 日本語の「お腹空く」と「疲れる」は動詞であり、「今」の状態を表現するためには「ている」の形を取ります。しかし、韓国語の「배부르다」「피곤하다」は形容詞なので、今「お腹空いている」や今「疲れている」は「배불러요」「피곤해요」になります。

（6）ㄷ（[d], ディグッ）不規則 🔊

➡ 今回は最もよく使う3つの動詞のみを勉強します。

듣다（聞く）	hear	
걷다（歩く）	walk	ㄷ [d] → ㄹ [l]
묻다（尋ねる）	ask	

듣 ＋ ㅓ요 ➡ 들어요

걷 ＋ ㅓ요 ➡ 걸어요

묻 ＋ ㅓ요 ➡ 물어요

※手段の「歩いて」は「걸어서」といいます。

　　次の日本語を韓国語にしましょう。🔊

1) _____.

　　（昨日は家で音楽を聞きました。）

2) _____.

　　（毎日家から学校まで歩きます。）

3)　모르면 _____.

　　（知らなければ、聞いてください（⇒尋ねてください）。）

Check!

次のように間違っていませんか？

도워 주세요　/　아름다와요　/　조워요　/　널워요			
➡ 와　　　　　　➡ 워　　➡ 좋아요　➡ 넓어요			
다라요　/　까맣아요　/　덥어요　/　하애요　/　지금 피곤했어요			
➡ 달라요　➡ 까매요　➡ 더워요　➡ 하얘요　➡ 지금 피곤해요			

《慣用表現》 🔊

이렇다 저렇다 말이 없어요. ああだこうだ言わないです。

눈이 높아요. 目が高いです。

발이 넓어요. 足が広いです。(⇒「顔が広い」の意味)

입이 무거워요. 口が重いです。(日本語にすると「口が堅い」の意味)

배불러 죽겠어요. / 피곤해 죽겠어요. / 매워 죽겠어요.

お腹いっぱいで<u>死にそうです</u> / 疲れて<u>死にそうです</u>。/ 辛くて<u>死にそうです</u>。

(「ものすごく」の意味)

몸이 아파요.

体が痛い・辛いです。(日本語の「体調が悪い」に対応する表現)

속이 시원해요.

((胃の調子から) 主に事の状況が「すっきりした」の意味)

《「優しい」の使い分け》

ひと言で「優しい」と言っても人の性格を描写するためには様々な語彙があります。

- 착하다 : 善い行い、よい心、または『上下関係を考慮しない』時の描写に。
    ⇒いい子、優しい妹など
- 상냥하다 : にこやかな「優しい」。若い女性・お嬢さんなどの描写に。
- 자상(仔詳)하다 : 細やかな「優しい」。母/父・先生・夫/奥さんなどの描写に。
- 다정(多情)하다 : 思いやりの「優しい」

復習課題　次の日本語を韓国語にしましょう。 🔊

1) _____

　　(今何時ですか？ お腹が空いています。)

2) A: _____

　　(歳がいくつですか？)

　B: _____

　　(20です。)

　A: _____

　　(私と同じです。)

3) _____

　　(部屋が暖かくありません。寒いです。)

4) _____

　　(大丈夫ですか。顔が白いです。)

5) _____

(弟が私より背が高いです。)※韓国語は最初に触れる話題に関して「が
(이/가)」を用います。

6) _____

(天気が昨日より暑くないです。)

7) _____

(その友達は思ったより優しいです。) ※思ったより⇒思いより、考えより：
생각보다

나이 (歳) 하고 (～と) 방 (部屋) 얼굴 (顔) ～보다 (～より) 날씨 (天気)

《NOTE》

第16課　3つの活用形式_希望・可能・義務

　これまで「かしこまった言い方」と「打ち解けた言い方」の「現在形」「否定形」「過去形」など、色々な活用の形式について勉強してきました。これらの形式は音韻的な特徴によって以下の図のように大きく3つに分けることができます。今課では、この3つの特徴を理解しながら「希望」「可能」「意志」「義務」の表現を身につけていきます(図の下線部分)。

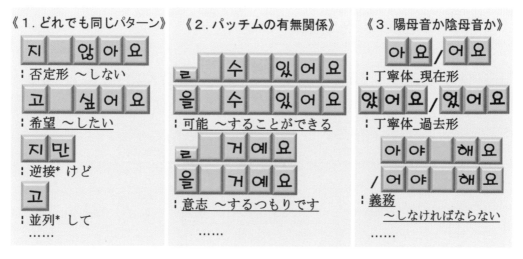

《1. どれでも同じパターン》

지 | 않아 | 요
: 否定形 ～しない

고 | 싶어 | 요
: 希望 ～したい

지 | 만
: 逆接* けど

고
: 並列* して
……

《2. パッチムの有無関係》

ㄹ | 수 | 있어 | 요
을 | 수 | 있어 | 요
: 可能 ～することができる

ㄹ | 거예 | 요
을 | 거예 | 요
: 意志 ～するつもりです
……

《3. 陽母音か陰母音か》

아요 / 어요
: 丁寧体_現在形

았어요 / 었어요
: 丁寧体_過去形

아 야 | 해요
/ 어 야 | 해요
: 義務
　～しなければならない
……

＊は複文の接続語尾で、次のステップの内容になります。

Ｉ　どれでも同じパターン

　「どれでも同じパターン」とは、(다を除いた)語幹の最後が陽母音か陰母音か、もしくはパッチムがあるか否かについて考える必要がないため、どの用言でも同じ表現形式を取ることを意味します。第11課で学んだ「後ろの否定形」がこのグループに該当します。

《否定形「〜しない」と希望「〜したい」》

	形式 用言	後ろの否定 (〜しない)	希望 (〜したい)	希望×否定
		語幹지 않다	語幹고 싶다	語幹고 싶지 않다
		語幹지 않아요	語幹고 싶어요	語幹고 싶지 않아요
가다 ⇒		가지 않아요	가고 싶어요	가고 싶지 않아요
먹다 ⇒		먹지 않아요	먹고 싶어요	먹고 싶지 않아요

➡ 音韻的に-지の/j/や-고の/g/で始まる形式です。他に、-지만(逆接の「〜けど」)や-지마세요(禁止の「〜しないでください」)、そして-고(並列の「〜て」)や -고 있어요(進行の「〜ています」)などの形式があります。

確認問題 1　次の空欄を完成させて読みましょう。 🔊

基本形	(意味)	後ろ否定	希望	希望×否定
가다	( )	가지 않아요	가고 싶어요	가고 싶지 않아요
오다	( )			
자다	( )			
사다	買う			
타다	乗る			
만나다	( )			
일어나다	( )			
좋아하다	( )			
먹다	( )			
마시다	( )			
살다	( )			
놀다	遊ぶ			
배우다	( )			

가르치다	( )		
쉬다	( )		
쓰다	( )		
읽다	( )		

2 パッチムの有無関係

「パッチムの有無関係」とは、語幹の最後にパッチムが①ないか②あるか③パッチムがあっても ㄹ であるかで形式が決まることを意味します。第9課で学んだ「かしこまった言い方」がこれに該当します。

《「かしこまった丁寧体」と可能・不可能「〜することができる・できない」》

形式 用言	丁寧体	可能	不可能
	語幹ㅂ니다 語幹습니다	語幹ㄹ 수 있어요 語幹을 수 있어요 ➡ (으)ㄹ 수 있어요	語幹ㄹ 수 없어요 語幹을 수 없어요 ➡ (으)ㄹ 수 없어요
①가다 ⇒	갑니다	갈 수 있어요	갈 수 없어요
②먹다 ⇒	먹습니다	먹을 수 있어요	먹을 수 없어요
③만들다 ⇒	만듭니다	만들 수 있어요	만들 수 없어요

➡ 可能・不可能では、①パッチムが無ければ形式のパッチム ㄹ を付けて活用します。②パッチムがあれば挿入母音 으 を用いて活用します。③パッチムが ㄹ の場合は、形式のパッチム ㄹ とぶつからないように、用言の ㄹ を外します。

➡ 音韻的に 습니다 の /s/ や ㄹ 수 있어요 の /r/、そのほか 니까 の /n/（〜するので）、면서 の /m/（〜しながら）で始まる形式があります。

次の空欄を完成させて読みましょう。🔊

基本形	（意味）	可能	不可能	
가다	（　　）	갈 수 있어요	갈 수 없어요	＝ 못 가요
오다	（　　）			
자다	（　　）			
사다	（　　）			
타다	（　　）			
만나다	（　　）			
일어나다	（　　）			
좋아하다	（　　）			
먹다	（　　）	먹을 수 있어요	먹을 수 없어요	＝ 못 먹어요
마시다	（　　）			
살다	（　　）			
놀다	（　　）			
만들다	（　　）	만들 수 있어요	만들 수 없어요	＝ 못 만들어요
배우다	（　　）			
쉬다	（　　）			
쓰다	（　　）			
읽다	（　　）			

3　陽母音か陰母音か

「陽母音か陰母音か」とは、語幹の最後の母音が陽母音か陰母音かで形式が決まることを意味します。第10課の「打ち解けた言い方」と第14課の「過去形」がこれに該当します。

《「打ち解けた丁寧体」と過去、そして義務「〜しなければならない」》

形式 用言	丁寧体	過去形	義務
	語幹아요 語幹어요	語幹았어요 語幹었어요	語幹아야 해요 語幹어야 해요
살다 ⇒	살아요	살았어요	살아야 해요
먹다 ⇒	먹어요	먹었어요	먹어야 해요

➡️ 「아야 해요/어야 해요」に代って話し言葉では「아야 돼요/어야 돼요」がよく使われます。

確認問題3　次の空欄を完成させて読みましょう。 🔊

基本形　（意味）	丁寧体	義務	義務×過去
가다　（　　）	가요	가야 해요	가야 했어요
오다　（　　）			
보다　（　　）			
자다　（　　）			
사다　（　　）			
타다　（　　）			
만나다　（　　）			
일어나다　（　　）			
좋아하다　（　　）			
먹다　（　　）	먹어요	먹어야 해요	먹어야 했어요
마시다　（　　）	마셔요	마셔야 해요	마셔야 했어요
걸리다　（　　）			
살다　（　　）			
놀다　（　　）			

만들다	(	)			
배우다	(	)			
외우다	(	)			
쉬다	(	)			
쓰다	(	)			
읽다	(	)			
옮기다	(	)			

確認問題4　次の空欄を完成させて読みましょう。🔊

基本形	（意味）		否定×丁寧体	否定×義務	否定×義務×過去
가다	(	)	안 가요	안 가야 해요	안 가야 했어요
오다	(	)			
보다	(	)			
자다	(	)			
사다	(	)			
타다	(	)			
만나다	(	)			
일어나다	(	)			
좋아하다	(	)			
먹다	(	)	안 먹어요	안 먹어야 해요	안 먹어야 했어요
마시다	(	)			
걸리다	(	)			
살다	(	)			
놀다	(	)			
만들다	(	)			

배우다 ( )				
외우다 ( )				
쉬다 ( )				
쓰다 ( )				
읽다 ( )				
옮기다 ( )				

➡ 「안 가요(行かないです)」「안 가야 해요(行くべきではないです)」「안 가야 했어요
(行くべきではなかったです)」の意味になります。さらに後ろ否定形を使うと順に、가지 않아요,가지 않아야 해요,가지 않아야 했어요になります。

アクティビティ 希望・可能・義務を2か所に取り入れて次のようなセリフを作ってみましょう。🔊

A: 술 마실 수 있어요? B: 네, 좋아해요. 하지만 약이 있어요. 　그래서 술을 안 마셔야 돼요.	A: 지난 주 한국은 어땠어요? B: 좋았어요. 하지만 메뉴를 읽을 수 없 었어요. 한국어를 공부해야 했어요.
A: 서울 생활이 어때요? 어렵지 않 아요? B: 좋아요. 음식이 맛있어요. 그리고 교통이 편리해요. 하지만 방이 너 무 비싸요. 그래서 친구와 같이 방 을 써야 해요.	A: 일본 생활이 어때요? 한국 음식 이 먹고 싶지 않아요? B: 괜찮아요. 한국 음식을 만들 수 있 어요. 그리고 저는 일본 음식을 많 이 좋아해요.

《NOTE》

著者略歴

❀ 崔 チョンア

韓国の釜山生まれ。

趣味はイラスト、パン作り。

著者は、日本での留学をきっかけに言葉とコミュニケーションの楽しさ
に目覚め、理系から文系へと転向する。その後、札幌をはじめ各地で
数多くの社会人講座や大学で 19 年間韓国語講師として務めている。
現在、金沢大学で韓国語非常勤講師兼客員研究員（理学博士、文
学修士）。

練習問題で始めよう韓国語

発 行 日　2024年3月29日

著　　者　崔 チョンア

発 行 人　中嶋 啓太

発 行 所　博英社
　　　　　〒 370-0006 群馬県 高崎市 問屋町 4-5-9 SKYMAX-WEST
　　　　　TEL 027-381-8453 / FAX 027-381-8457
　　　　　E・MAIL hakueisha@hakueishabook.com
　　　　　HOMEPAGE www.hakueishabook.com

ISBN　　　978-4-910132-61-7